التفكير بالسيناريو

كيف تخطط لمستقبلك؟!

التفكير بالسيناريو

كيف تخطط لمستقبلك؟!

ياسر عيد

دار جامعة حمد بن خليفة للنشر
HAMAD BIN KHALIFA UNIVERSITY PRESS

دار جامعة حمد بن خليفة للنشر
صندوق بريد 5825
الدوحة، دولة قطر

www.hbkupress.com

الطبعة العربية الأولى عام 2022

الترقيم الدولي: 9789927155857

تمت الطباعة في الدوحة-قطر.

مكتبة قطر الوطنية بيانات الفهرسة – أثناء – النشر (فان)

عيد، ياسر، مؤلف.

التفكير بالسيناريو : كيف تخطط لمستقبلك؟! / ياسر عيد. – الطبعة العربية الأولى. – الدوحة، دولة قطر : دار جامعة حمد بن خليفة للنشر، 2022.

صفحة ؛ سم.

تدمك: 978-992-715-585-7

يتضمن مراجع ببليوجرافية (صفحات 175-189).

1. إدارة الأعمال -- التنبؤات. 2. الإدارة -- نظم المحاكاة. 2. التخطيط الإستراتيجي -- نظم المحاكاة. أ. العنوان.

HD30.27 .I3 2022

658.40355 -dc23

202228325710

إهداء

إلى قدوتي، ومن ذلَّل لي سُبُل العيش الكريم:

أبي المحترم...

إلى رمز التفاني، والمحبة، والإيثار، والكرم:

أمي الموقَّرة...

إلى سندي وعَضُدي:

إخوتي الأعزاء...

إلى أقرب الناس إلى نفسي:

زوجتي المخلصة...

إلى روحي، وقُرَّة عيني، ونبض فؤادي:

ابني العزيز...

إلى جميع من أهدوني عصارة تجارِبهم ودعمهم...

أهديكم خلاصة جُهدي.

المحتويات

فهرس الجداول

فهرس الرسومات التوضيحية

كلمة أولى

نحو مستقبل ما!

هل تخيلت نفسَك وأنت تسافر إلى المستقبل في آلة للزمن؟ أو بصيغة أخرى: هل تحب السفر إلى المستقبل؟ للوهلة الأولى، قد تبدو لك الإجابة واضحة! نعم، فالجميع -بلا استثناء- يتطلع إلى استكشاف مجاهيل القادم الغامض، ويتشوَّف إلى معرفة خفاياه؛ فلعلَّه بذلك ينجو من خطر محدِق، أو يستبق الزمن فيتحصن من أذى يأتيه من دروب الغيب. ولعل السؤال الذي يراودني الآن: هل منا من يعرف كيف يسافر إلى المستقبل؟ أو ما الطريقة التي يمكن أن نقتحم بها المستقبل؟ قد تصدمك الإجابات! فعلى الرغم من أن تبصُّر المستقبل، سواء لدقائقَ أو لسنوات، مرهون بتوقعاتنا نحن عن شكل المستقبل، فإن الكثير يعجز عن وضع تصورات للمستقبل القريب، حتى بأبسط الطرق التقليدية. لذا سنحاول في صفحات هذا الكتاب تدريب القارئ الكريم على وضع البدائل والرؤى المستقبلية، وفق عملية التخطيط بالسيناريو.

التخطيط المستقبلي فطرة ربانية

قال تعالى: ﴿وَأَعِدُّواْ لَهُم مَّا ٱسۡتَطَعۡتُم مِّن قُوَّةٖ وَمِن رِّبَاطِ ٱلۡخَيۡلِ تُرۡهِبُونَ بِهِۦ عَدُوَّ ٱللَّهِ وَعَدُوَّكُمۡ وَءَاخَرِينَ مِن دُونِهِمۡ لَا تَعۡلَمُونَهُمُ ٱللَّهُ يَعۡلَمُهُمۡۚ وَمَا تُنفِقُواْ مِن شَيۡءٖ فِي سَبِيلِ ٱللَّهِ يُوَفَّ إِلَيۡكُمۡ وَأَنتُمۡ لَا تُظۡلَمُونَ ٦٠ * وَإِن جَنَحُواْ لِلسَّلۡمِ فَٱجۡنَحۡ لَهَا وَتَوَكَّلۡ عَلَى ٱللَّهِۚ إِنَّهُۥ هُوَ ٱلسَّمِيعُ ٱلۡعَلِيمُ﴾ (سورة الأنفال: 60).

التخطيط للمستقبل لم يكن يومًا ترفًا علميًّا، أو حكرًا على أحد، وإنما ضرورة حياتية، التزمت بها الحضارات السابقة جميعها؛ فالحضارة الفرعونية اهتمت بتشييد الأهرامات، والمعابد، ومراكب الشمس[1]؛ استعدادًا للحياة المستقبلية بعد الموت، بحسب اعتقاد أهلها، كما شُيدت فيها معابد الوحي؛ للتنبؤ بالمستقبل. وثمةَ -كذلك- التخطيط للمستقبل في اليوتوبيات[2]، التي ابتدعها أفلاطون، وتبعه تلميذه الفارابي بيوتوبياه الشهيرة «أهل المدينة الفاضلة»؛ ليرسم صورة مستقبلية للمجتمع المثالي، وفقًا للتصور الإسلامي، ويؤكد من خلالها على متانة جذور التخطيط للمستقبل وأصالتِه في التاريخ الإنساني بنماذج كثيرة لا يمكن حصرها، وإنما سنحاول -في رحلتنا بين صفحات الكتاب- الإشارة إلى بعض منها، بما يخدم هدف الكتاب.

المؤلف والكتاب

جاءت فكرة الكتاب تماشيًا مع نموذج الإدارة العالمية لأزمة انتشار مرض فيروس كورونا (COVID-19) في عام 2020م، التي عكست مستوى الدول في تبنيها لاستشراف المستقبل والاستعداد لمواجهة الأزمات المحتمَلة، والتي هدمت معها الصورة الذهنية عن بعض الدول العظمى، وأزالت ادعاءاتها الواهية بجاهزيتها لأي تحدٍّ مستقبلي. وعلى صعيد آخر، فقد أظهرت الأزمة نماذج لدول نامية، سواء كانت عربية أو آسيوية، تجلَّى لديها مستوى عالٍ للاستشراف والتخطيط للمستقبل، وأبرزت لنا تجارِب ملهمة في وضع التصورات والبدائل المستقبلية، وإدارة خطة الطوارئ، ورفع شعار الاستجابة العاجلة للتحوُّلات والتغيُّرات التي تطرأ على الساحة،

(1) يُطلق عليها السفن الجنائزية، وكانت تستخدم في مصر القديمة للذهاب لاستعادة الحياة من الأماكن المقدسة.

(2) لفظ يشير دائمًا إلى المدينة الفاضلة الخالية من النقائض البشرية.

واستطاعت هذه الدول -إلى وقت إخراج الكتاب إلى النور- السيطرة على خطورة وباء فيروس كوفيد 19 والتعايشَ معه، على المستويات الصحية، والاقتصادية، والاجتماعية.

يُعدُّ هذا الكتاب ترجمة حقيقية لمخرجات أطروحة قدمتها لنَيل درجة الماجستير في الإدارة، من جامعة ملايا بماليزيا، أضفت إليها عصارة أفكاري وتطلعاتي التي خرجت من رحم الأزمة الطاحنة، التي أصابت العالم مقتبلَ عام 2020؛ لتكون -في الختام- نسخة الكتاب الذي بين يديك. لقد حرصت أن يكون لكل كلمة أكتبها هدف ومعنى، كما أني حاولت أن أُخرج كل ما في جعبتي عن هذا الموضوع، وأرجو أن تكون هذه الكلمات ملهمة ومرشدة لمن يريد القيام بعملية التخطيط بالسيناريو. وألتمس عذركم الكريم من أي إسهاب أو تقصير تلاحظونه؛ فقد كان الدافع من وراء هذا الكتاب تغطية كل التفاصيل والأحداث المتعلقة بمسألة التخطيط.

لماذا هذا الكتاب؟

لقد حاولت في هذا الكتاب أن أكون معياريًّا وموضوعيًّا في عرض الأفكار وتحليلِها، وقد بذلت أفضل ما لديَّ لأعبِّر عن كل فكرة بأسلوب بسيط دون إسهاب أو تقصير، ولا أدعي فيه الكمال، وإنما أسأل الله -عز وجل- أن يكون نواة حقيقية لميلاد تخصُّص جديد، اسمه التخطيط بالسيناريو، وأن يكون ممرًّا حقيقيًّا إلى تفعيل استشراف المستقبل في العالم العربي. ويمكن تلخيص ما يميز الكتاب في أنه:

- أضاف تأطيرًا شاملًا للتخطيط بالسيناريو، استوفى جميع أجزائه التي يحتاج إليها القارئ؛ لتشكيل صورة كاملة عنه.
- سعى إلى إرساء قواعد الالتزام بالمبادئ الأخلاقية، خلال مراحل تطبيق التخطيط بالسيناريو.

- اجتهد في محاولة التأصيل الشرعي لمنهجية التخطيط بالسيناريو، بالإضافة إلى رصد بعض المواقف والمشاهد من القرآن الكريم والسُّنَّة المطهَّرة، بما يتناسب مع موضوع الكتاب.
- رصد التطور التاريخي لظهور التخطيط بالسيناريو، في العالم الإداري وفي الحياة اليومية، وعرضَه في تسلسل زمني منطقي.

هذا الكتاب دليل معياري لكل من يريد تطبيق التخطيط بالسيناريو، سواء في الحياة الشخصية أو تلك المؤسسية.

ماذا ستضيف إليك قراءة الكتاب؟

جاءت سطور هذا الكتاب لتلبي رغبات شريحة كبيرة من المجتمع، بشأن مناطق عدم التأكد في المستقبل، وآلية التجهيز المسبق لها، في رحلة شائقة لاستكشاف جميع مشتملات منهجية التخطيط بالسيناريو. ومن المتوقع أن يكون هناك تفاوت في الاستفادة من محتوى الكتاب، بحسب طبيعة القارئ وغرضه من قراءته، ولكن الكتاب -في العموم- يمكن أن يضيف إلى القارئ العادي ما يأتي:

- تعميق مستوى التفكير الإبداعي بشأن المستقبل بالطرق المنهجية.
- معرفة المرتكزات الأساسية لمنهجية التخطيط بالسيناريو.
- تطبيق التفكير بالسيناريو في الحياة العملية والشخصية.

لمن هذا الكتاب؟

في العادة يركِّز المؤلف جُلَّ جهوده على فئة معينة يضعها نُصب عينيه، فيسعى -في كتاباته- إلى تلبية رغبات أفرادها ومتطلباتهم المستقبلية، وعلى الرغم من ذلك، فقد حاولت أن يكون كتابي الأول موجَّهًا إلى أكبر قاعدة ممكنة؛ فالجميع -بلا استثناء- تهمُّه معرفة المستقبل والتجهُّز له. ولعل أهم الفئات التي أخذت كل تفكيري أثناء الكتابة:

- **المفكِّر الاستراتيجي**: سيجد نموذجًا مصغَّرًا لمراحل تطبيق التخطيط بالسيناريو، تساعده على الإدراك السريع للعملية التخطيطية وفق السيناريو، وتمكِّنه من التدريب الفعَّال لأعضاء فريقه على منهجية التخطيط بكل سلاسة ووضوح.
- **أصحاب القرار والمصلحة**: سيتمكن هؤلاء من معرفة أدوات اقتحام مناطق المجهول في المستقبل؛ لتعزيز عملية صنع القرارات الاستراتيجية، ومراقبة التوجُّهات المستقبلية؛ لضمان البقاء في دائرة المنافسة، وتلبية التطلعات المستقبلية.
- **القادة والمديرون**: هناك تجارب إدارية ملهِمة حاولت بذكرها عرض قصص حقيقية عن تطبيق التخطيط بالسيناريو داخل المؤسسات، بما فيها من تحديات وإسهامات وانعكاسات على إنتاجية هذه المؤسسات وتطوُّرها.
- **الباحثون في مجال التخطيط والاستشراف**: لم يَخْلُ الكتاب من الاستشهادات العلمية الموثَّقة، والاتباع السليم للمنهجية

العلمية في التحليل، والتفكير، والتعامُل مع البيانات، والسعي إلى الحقائق.

- **الشباب الصاعد**: سيكتشف الطموحون من أبناء هذا الجيل مدارك التفكير العميق في أحداث المستقبل، سيفتِّشون عن المهن المستقبلية، وسيجدون أنفسهم وسط كومة من الكتابات عن المستقبل وطرق الاستفادة من السيناريوهات في شتى المجالات.

مقدمة

الحياة ووتيرة التغيرات السريعة

عُرف التخطيط الاستراتيجي قديمًا بأنه: الشَّفرة السحرية التي تستخدمها أغلب المؤسسات؛ لتحقيق نمط الأداء المطلوب، وتنظيم العلاقات الداخلية والخارجية، ومتابعة التطورات والتغيرات التي تحدث في بيئة العمل؛ لزيادة الفجوة التنافسية بينها وبين أقرب منافسيها (العبادي هـ.، 2014)، لكن مع تسارُع وتيرة التغيرات الراهنة، وارتفاع طُموح المنظَّمات لتقليل درجة عدم التأكد، التي تكتنف ظروفَ المستقبل الغامض لم يعد التخطيط الاستراتيجي وحده أداة سحرية لحل المُشكلات والتنبؤات بالاحتمالات المستقبلية، وللنظر إلى تطلعات الأفراد والمؤسسات. وقد استفادت المؤسسات الرائدة من تجاربها السابقة في التخطيط، وتعلمت الدرس جيدًا، وأدركت ضرورة توجيه الأنظار إلى أحداث المستقبل واقتحام المجهول؛ للوصول إلى القرارات المُثلى، التي تضمن للمؤسسة تحقيق أهدافها بعيدة المدى وقصيرته؛ وعليه فإن الضرورة تُوجب استحداث منهجية جديدة للتخطيط، توفر عدة بدائل استراتيجية، وتُسهم في تقليل فجوة اللاتأكُّد وكشف أحداث المستقبل.

نحو عصر جديد من الحكمة الاستراتيجية

تُعدُّ منهجية التخطيط بالسيناريو واحدة من أساليب الدراسات المستقبلية وأهم وسائل التخطيط الاستراتيجي، التي تستهدف وضع البدائل

الاستراتيجية وتعيينَها، كما يمكن عَدُّها واحدة من منظومات عمل الجيل الرابع، التي تسعى الوزارات والحكومات إلى تضمينِها في الروتين اليومي لأعمال المؤسسات؛ لتكون مرجعًا أساسيًّا لتقويم الأداء الحكومي. وجدير بالذكر أن السيناريوهات الاستراتيجية لا يمكن عَدُّها بديلًا عن الإدارة في المنظمات أو المشروعات، ولا تصنع -في ذاتها- القرار، وإنما تُقدِّم إسهامًا كبيرًا وواضحًا في خلق رؤية واضحة ومشتركة، تمكِّن الإدارة العليا من فهم المعاني الاستراتيجية، وتفسيرها، واستكشاف الأحداث المحتملة والكامنة لقرارات المنظمة. ولا يعني ذلك ملاءمةَ السيناريو لتطوير الاستراتيجية في الحالات كافة؛ لأن استخدامه في منظمات غير مستعدة للتعامل مع تغيرات المستقبل، سيحقق نتائج قليلة المنفعة على الصعيد الاستراتيجي.

محتويات الكتاب

جاءت محتويات هذا الكتاب لترسخ مفهوم التخطيط بالسيناريو في الحياة اليومية وكذلك المؤسسية، وترشد الحالمين بمستقبل أقل ضبابية إلى وسائل الاستشراف الحديث، بناء على المنهجية العلمية في تفسير الظواهر المستقبلية، ولتسهِمَ في تقليل درجة التعقيد التي تواجه المؤسسات عند تحليل بيئتها الداخلية والخارجية؛ نتيجة ضعف ممارسات التفكير الاستراتيجي على النحو المطلوب؛ وذلك بسبب تدني استخدام الأساليب الاستراتيجية في استشراف المستقبل والتجهُّز لمواجهة مخاطره وتطوراته. وعليه فقد جاء هذا الكتاب مقسَّمًا إلى أربعة فصول؛ الفصل الأول مدخل إلى التخطيط بالسيناريو، كشف عن المفاهيم الأساسية له، وفقًا لأهم الباحثين في المجال، كما سلط الضوء على أهم تصنيفات السيناريو، وتتبَّع الجانب التاريخي لظهور تقنية السيناريو في الجوانب الإدارية والفكرية، وأشار إلى أهميتها في تاريخ الحياة الإنسانية. في حينِ ركز الفصل الثاني جهوده على

محاولة التأصيل الشرعي لمنهجية التخطيط بالسيناريو في القرآن الكريم والسُّنَّة النبوية المطهَّرة، ووضع معايير ومؤشرات لنجاح عملية التخطيط، إلى جانب المبادئ الحاكمة للتخطيط بالسيناريو، والسِّمات الأخلاقية والمِهْنية والقيادية للمخطِّط بالسيناريو. وجاء الفصل الثالث من الكتاب بمراحل وخُطوات تفصيلية للتخطيط بالسيناريو، إضافة إلى التدريبات والأمثلة، التي تساعد المخطِّط والإنسان العادي على التخطيط بالسيناريو. وأخيرًا، تناول الفصل الرابع بعض القصص المُلهمة لمؤسسات رائدة في مجالات شتى، أثناء تطبيقها لتقنية السيناريوهات في التخطيط، وسلط الضوء على التحديات التي واجهتْها أثناء التخطيط بالسيناريو، وجهودها في وضع الحلول العملية لها.

الفصل الأول

مدخل إلى التخطيط بالسيناريو

قبل أن نبدأ...

مع اندلاع حرب الخليج الأولى عام 1980م، تكبدت شركات الطيران خسائر ضخمة كلفتها مجموع أرباحها منذ إنشاء الطيران التجاري بأكمله. قُدِّر حجم الخسائر آنذاك بحوالي 10 ملايين جنيه إسترليني، ورغم ذلك برز دور شركة الطيران البريطانية British Air lines، التي تنقل 36 مليون راكب سنويًّا إلى 194 وجهة و82 دولة، وعدد موظفيها 53 ألف موظف حول العالم، واستطاعت أن تحلِّق وحيدة بتعاملها الاحترافي مع الأزمة بفضل التخطيط الاستراتيجي (Ringland, 2005)، ورغم أن التخطيط الاستراتيجي قد ساعد شركة الطيران البريطانية على التعامل مع هذه الأزمة وتجنُّب الكثير من المخاطر، فإنها أدركت مبكرًا عدم ملاءمة الأداة نفسها لوتيرة التغيرات السريعة.

تحوُّل عنيف...

طالبت البريطانية للطيران تطوير منهجية التخطيط؛ لتكون أكثر ملاءمة للتعامل مع مناطق عدم التأكُّد والتحديات المستقبلية، بعد أن عجزت أدوات التخطيط التقليدي عن التصدي لمخاطر المستقبل المحتملة، ومراعاة تنوُّع السيناريوهات المستقبلية وتقليل فجوة اللاتأكُّد؛ للوصول بذلك إلى التخطيط بالسيناريو المتعارف عليه اليوم.

لماذا فشل التخطيط التقليدي؟

قبل فترة قريبة، استحوذت على السوق العالمية بعض الشركات المتخصصة في بعض الصناعات التكنولوجية والرقمية، مثل: نوكيا، أشهر شركات المحمول آنذاك، بحصة سوقية تجاوزت 41٪، وشركة كوداك، المتخصصة في التصوير والكاميرات، واستمرت سطوتها لسنوات عديدة، وكانت الاختيار الأول للجميع وقتئذ، لكن السؤال: أين هذه الشركات الآن؟ أين كانت؟ وأين وصلت؟ هل لا تزال أسماؤها تتردد في السوق كما كانت؟ الجواب: إن هذه الشركات قد اختفت، رغم محاولاتها العديدة للرجوع مرة أخرى. ولعل أهم الأسباب في اختفائها من المشهد يتمثل في عدم المواكبة لوتيرة التغيرات السريعة؛ فقد اعتمدت تلك الشركات على نمط تخطيط تقليدي قائم على أساس أن المستقبل امتداد للماضي، لا تحولات عنيفة فيه، ولا تغيرات كبيرة في سلوك المستهلك؛ لذلك لم يكن لها آليات واضحة لاستشراف المستقبل والاستعداد له، أو على الأقل للتجهُّز للتغيُّرات المحتملة وتقليل زمن الجاهزية، حالَ حدوث أي تطورات أو أحداث خارجية قد تجبرهم على التغيير.

ماهية التخطيط بالسيناريو؟

دائمًا ما يكون الاتفاق على تعريف محدد حول قضية ما الشاغل الأهم لدى المؤلف؛ إذ يوفر التعريف الواضح لموضوع النقاش بيئة خصبة للتوافق بين المؤلف والقارئ فيما سيأتي بعده. والتخطيط بالسيناريو نشاط مركَّب يختلف تعريفه من مجال إلى آخر، ومن شخص إلى آخر، يعتمد فيه الإنسان على معرفته وخبرته السابقة؛ بهدف وضع تصوُّرات مستقبلية حول مختلف الأحداث المتوقَّعة؛ للاستفادة منها في تقليل نسبة المخاطر المحتملة، وكشف غموض المستقبل، وتقليل نسبة اللاتأكُّد؛ وذلك من أجل تحسين عملية

صنع القرار، وبهدف تحقيق الاستقرار والأداء المؤسسي المطلوب. وانطلاقًا من اعتبار التخطيط بالسيناريو مصطلحًا عصريًّا من الناحية الاصطلاحية والمنهجية، فذلك يقتضي منا أن نعرفه من عدة زوايا؛ كي نصل إلى تعريف شامل ووافٍ، يعبر عن ارتباطه بالكثير من المجالات وتداخله معها، كما هو الحال في بناء المفهوم في البحوث الأكاديمية.

تعريف التخطيط بالسيناريو لغة واصطلاحًا

التخطيط في اللغة

التخطيط من «مادة (خطط)، وخطَّ الشيء؛ أي: رسم فيه خطوطًا» (الرازي، 1995، ص 196). «وفلان يخطُّ الأرض إذا كان يفكر في أمره؛ ليعلم أوله من آخره» (النجار، 1989، ص 244). ومن معاني (الخطِّ) في القاموس المحيط «الطريق الخفيف في السَّهل، و(الخطَّة) خطَّها واختطَّها، خططًا وتخطيطًا، بمعنى: أقدم على الأمور وسار نحو تحقيقها» (الفيروزآبادي، 2003، ص 622)».

التخطيط اصطلاحًا

يُعرفه (مبروك، 2013، ص 190) بأنه «دراسة المستقبل والتنبؤ بما سيكون عليه وبالتالي الاستعداد له من خلال تقنيات علمية، يسترشد بها صانع القرار من أجل تخطيط سليم وفعال»، ويضيف (المطيري، 2010، ص 76) أنه «التفكير والتدبر -بشكل فردي وجماعي- في أداء عمل مستقبلي مشروع، وربطه بمشيئة الله، ثم بذل الأسباب المشروعة في تحقيقه، مع كامل التوكل والإيمان بالغيب فيما قضى الله وقدَّره على النتائج».

بتأمُّل التعريفات السابقة للتخطيط -لغة واصطلاحًا- يتضح أن الخطة الجيدة، لكي تجني ثمارها، يجب أن يكون لها مجموعة من المحدِّدات الواضحة، التي تتمثل في:

- الأهداف: يجب أن تُوضع أهداف بعيدة المدى، ثم أخرى قصيرة المدى.
- التصوُّرات المستقبلية للأحداث المحتملة، وتُبنى على مبدأ تحديد التحديات المحتملة.
- الوسائل الشرعية الممكنة لرسم المسارات المستقبلية، وينبغي أن تراعي وتيرة التغيرات السريعة.
- الآلية التي تسهل التعامل مع الأحداث المستقبلية، ولا بد أن تتسم بالمرونة.
- التفكير الإبداعي ضروري لأجل استكشاف المستقبل.

تعريف السيناريو لغة واصطلاحًا

السيناريو في اللغة

سيناريو Scenario لفظ إيطالي مشتق من كلمة Scena؛ أي: النظر في المستقبل، وقد ارتبط بالفنون الدرامية، لا سيما المسرح والسينما، ودوره تنظيم تسلسل الأحداث والمشاهد، وترتيب الأدوار وظهور الشخصيات، وسائر التفاصيل الأخرى (Ringland, 1998). ويعرفه (عزيز، 2014، ص 326) بأنه «كتابة مفصلة لسير الأحداث». والسيناريو المستقبلي وصف لوضع مستقبلي ممكن أو مرغوب فيه، وتوضيح للمسارات المختلفة مع وضع فرضيات لها، سواء من اللحظة الراهنة أو في المستقبل، قريبه أو بعيده».

السيناريو في الاصطلاح

يُنظر إليه على أنه وجهة النظر المحتمَلة للعالم، وسردها على شكل قصص متسقة ومتكاملة، تمكِّن المديرين من اتخاذ القرارات؛ عن طريق رؤية مجموعة من الاحتمالات الممكنة (Conway, 2003). والسيناريوهات لا يمكن

عَدُّها تنبؤات أو توصيات، وإنما تصورات حول مسارات المستقبل، نمثل بواسطتها الاحتمالات المتوقَّعة؛ عن طريق طرح الأسئلة وتقديم الإجابات؛ بهدف تعميق وجهات النظر وتسليط الضوء على القضايا المهمة التي يصعُب الوصول إليها بالطرق التقليدية.

التخطيط بالسيناريو في مجالات الحياة كافة

- في الفن

التخطيط بالسيناريو في المجال السينمائي هو «خطة وصفية تفصيلية مكتوبة في تسلسل، يجمع بين كل من الصورة والصوت وتقديم الخطة إلى المخرج، الذي يحولها إلى واقع مرئي وسمعي» (Herman, 1952, pp. 169-171)، ويُعرف أيضًا بأنه فيلم المستقبل، أو الفيلم المكتوب على الورق (Yorofkin, 1959)، ويُوصف بأنه التأليف والصياغة السينمائية لموضوع الفيلم في صورة كتابية، توضح تفاصيل الصور البصرية والصوتية وتسلسلها.

- في السياسة

«أسلوب السيناريو في السياسة يعني السِّجال، والسِّجال يُعرف بأنه منهج حِواريٌّ في البحث، ودراسة تشابك الاحتمالات والحسابات وردود الفعل السياسية والعسكرية والاقتصادية الممكنة، بين أنظمة أو دول ترتبط ببعضها، عن طريق علاقات توازن أو صراع» (حواش، 1999، الصفحات 5-4).

- في الرياضة

«ينظر إليه على أنه أداة تُسهِم في وضع الأحداث المستقبلية في إطارها الحقيقي؛ مما يمكِّن الخبراء من اكتشاف هذه الأحداث، وإيجادها، ومراجعتها، وتأكيدها، وتقويمها، وترويجها، كما أنه يدعم روح الإبداع الفكري في

وضع استراتيجيات، تحقق التنمية المستدامة للرياضة في المجتمع الأوربي» (Vojinovic, 2015, pp. 107–115).

- في الإدارة

تعددت التعريفات الخاصة به؛ نظرًا لتشعُّبه الكبير وتداخله مع عدة زوايا إدارية، فقد اشتهر بأنه إجابة عن سؤالين: كيف يتطور موقف فرضي في المستقبل خطوة بخطوة؟ وما البدائل في كل لحظة للقرارات، وما تلك البدائل التي تُحرِّف أو تسهِّل أو توقِف العملية؟ (Wilkinson & Kupers , 2014).

وأيضًا يمكن تعريفه بأنه:

«وصف لمجموعة من الأحداث المستقبلية الممكنة، على أساس شروط أو مواصفات أولية، والمسارات التي يمكن أن تؤدي إلى ذلك» (العيسوي، 1998، ص 7).

«وصف متسق ومتناسق عن الأوضاع المستقبلية، يعكس وجهات النظر المختلفة عن الماضي والحاضر والتطورات المستقبلية التي تخدم العمل» (Notten p. v., 2005, p. 18).

«أداة تخطيطية تشمل تصوُّرًا مستقبليًّا مبنيًّا على الفروض المنطقية والواقعية، ومبرهنًا بأدوات رياضية تتناسب مع طبيعة السيناريو الاحتمالية» (عبدالرؤوف، 2006، ص 208).

- في إدارة الأزمات

يعرف بأنه «مجموعة من الافتراضات المتعلقة بالموقف في مجال محدد، يحلِّلها النظام ويدرسها؛ مما يساعد على وضع تصورات للأزمة وإيجاد بدائل عديدة للحلول الموضوعية» (زيد، 2012، ص 125)، «والسيناريو ليس عملية تنبؤ تقليدية، بل عمليات تحاكي إجابات، بناء على تحليل ورؤية

لما يمكن أن يحدث مستقبلًا، وكيفية التعامل مع هذه الأحداث المستقبلية برؤية منهجية مدروسة» (عفيف، 2016، ص 23).

السيناريو واستشراف المستقبل

التفكير المستقبلي يُقصد به توليد الكثير من الأفكار، وإثارة التساؤلات حول ما جُمِّع من معلومات، واستخدام استراتيجية (ماذا يحدث لو)؛ بهدف وضع تصوُّر مبدئي لِما ستكون عليه الظاهرة في المستقبل، مع الاستعانة بالأفكار المختلفة للآخرين، والخيال المشروط، وتبسيط التعقيدات، والعمل الجاد، والمحاولة المستمرة الجيدة.

ويعني أيضًا عملية إدراك المشكلات، والقدرة على صياغة فرضيات جديدة للحلول، والتوصُّل إلى ارتباطات جديدة بين المعلومات المتوفِّرة، والبحث عن حلول وتعديلات للفرضيات وإعادة صياغتها عند اللزوم، ورسم البدائل المفتوحة، ثم تقديم النتائج المطلوبة.

إذن، هل يوجد تعريف واضح ومحدَّد للتخطيط بالسيناريو؟

- تعددت تعريفات التخطيط بالسيناريو، وتنوعت من مجال إلى آخر. ولعل هذا التنوع نتج عن الزوايا التي يُعرَّف عن طريقها، وكذلك وجهات النظر المختلفة للكُتَّاب، باختلاف طبائعهم وأيديولوجياتهم، وهذا دليل على قوة التخطيط بالسيناريو ومتانته واتساع رقعته لتشمل المجالات كافة، دون الإخلال بمفهومه العام. كما أن تنوعَ أغراض السيناريو من مؤسسة لأخرى، وتداخُلَ مفهومه مع مجالات الحياة كلها، وتفاوتَ استعمال المؤسسات والأفراد له؛ أدى إلى صعوبة وضع تعريف واضح ومحدَّد للتخطيط بالسيناريو. ورغم ذلك، فإن ثمة تعريفات هي الأقرب، وتعبر عنه في المجالات جميعها:

- «أداة منظمة لتخيُّل المستقبل الذي تُتخَّذ فيه قرارات منظمة» (Porter, 1985, p. 63).
- «منهجية منضبطة لتخيُّل المستقبل المحتمَل» (Schoemaker, 1995, p. 25).
- «وصف لأوضاع مستقبلية قابلة للحدوث، عند توفُّر مجموعة من الشروط أو الافتراضيات المتماسكة لأوضاع مستقبلية محتملَة الوقوع، سواء كانت هذه الأحداث مرغوبًا فيها أو مرغوبًا عنها؛ عن طريق تحديد ملامح المسارات التي تؤدي إلى هذا الوضع المستقبلي» (Wright, 2000, pp. 433-438).
- «جزء من التخطيط الاستراتيجي، متعلِّق بالأدوات والتقنيات المستخدمة لإدارة عدم اليقين في المستقبل» (Ringland, 2005, p. 18).
- «تشكيل الصورة الاستشرافية المتكاملة للمستقبل، والذي يختلف كثيرًا عن بناء السيناريوهات حيث يهدف إلى خلق قصص وسرديات متعددة بشأن المستقبل» (Bishop, 2007, pp. 5-25).
- «أداة تخطيطية تشمل تصوُّرًا مستقبليًّا مبنيًّا على فروض منطقية وواقعية، ومبرهنًا بأدوات رياضية تتناسب مع طبيعة السيناريو الاحتمالية » (عبد العال، 2017، ص 20).
- «ممارسات منهجية تعبر في باطنها عن مبدأ التوكُّل والأخذ بالأسباب في رسم التصور المستقبلي المحتمَل؛ عن طريق الافتراضات المنطقية للأحداث الراهنة أو المستقبلية، ويهدف إلى مساعدة أصحاب القرار على اختيار القرار المناسب، وتحديد الاستراتيجيات المستقبلية التي تحقق مستوى الأداء المطلوب» (رمضان، 2020، ص 40).

والخلاصة: فإنه يمكن عَدُّ التخطيط بالسيناريو:

- أداة تخطيط استراتيجي تساعد على تحقيق هدف محدد، وتحديد الاستراتيجيات.
- أداة للتنوير تُسهِم في كشف المسارات المستقبلية المحتمَلة، ورصد البدائل والاختيارات الممكنة.
- تقنية تعبِّر بواسطتها الدراسات المستقبلية عن الأحداث والاحتمالات المستقبلية.
- منهجًا قائمًا بذاته له استخدامه المسرحي والسينمائي؛ لترتيب الأدوار وضبط الحبكة الدرامية.
- وسيلة للاستشراف المستقبلي والسياسات المستقبلية.
- مرشِدًا إلى القرارات بعيدة المدى.

ما الفرق بين التخطيط الاستراتيجي والتخطيط بالسيناريو؟

وأيهما يمكن الاعتماد عليه في إدارة الحياة الشخصية والمؤسسية: التخطيط بالسيناريو، أم التخطيط الاستراتيجي؟

جدول 1، الفرق بين التخطيط الاستراتيجي والتخطيط بالسيناريو

	التخطيط الاستراتيجي	**التخطيط بالسيناريو**
المنظور	جزئي	شمولي
المتغيِّرات	كمية	نوعية وليست كمية
الأهداف	معروفة	معروفة وغير معروفة
صورة المستقبل	بسيطة ومحددة	متعدِّدة وغير مؤكَّدة

التفسير	الماضي يشرح الحاضر	المستقبل سبب وجود الحاضر
الفترة الزمنية	من 5-10 سنوات	يمتد إلى أكثر من 20 سنة
العلاقات	هياكل إحصائية مستقرة	هياكل ديناميكية ناشئة
المنهجية	نماذج حتمية وكمية	نماذج نوعية وعشوائية
نظرته للمستقبل	سلبية وتكيفية «المستقبل سيكون» «المستقبل في نقطة واحدة»	إيجابي وإبداعي (يصنَع المستقبل) يخلق قصصًا عن مستقبلات محتملة متعدِّدة، في أفق زمني محدد.
النتائج	يحقِّق نتائج عظيمة كلما كان مبنيًّا على استشراف المستقبل، وليس على أخطاء الماضي.	التحليل العميق للعلاقة بين المتغيرات والإشارات الضعيفة. الإيحاء بنتائج عظيمة ومُرضية.
الميزانية	الميزانية محدودة نوعًا ما.	الميزانية كبيرة وتختلف من خطة لأخرى.
تعامله مع المخاطر	ينظر لمخاطر الماضي أكثر.	يحاول الوصول إلى الاتجاهات المستقبلية، وفق مبدأ كشف الإشارات الضعيفة.

المصدر: من إعداد المؤلف وفقًا للأدبيات السابقة حول مفهومي التخطيط الاستراتيجي والتخطيط بالسيناريو (lindgren, M., Bandhold, H. Scenario planning the link between future and strategy. Palgrave McMillan, New York. 2003 pp.26.) (خميس، 2017).

تكشف لنا المقارنة بين التخطيط التقليدي والتخطيط بالسيناريو ما يلي:

- التخطيط الاستراتيجي التقليدي

تقتصر نظرة التخطيط الاستراتيجي إلى المستقبل على أنه امتداد من الماضي إلى الحاضر؛ فهو -لذلك- يضع حلولًا مستقبلية للأخطاء الواقعة في الماضي؛ لتجنُّب تكرارها في المستقبل، بالإضافة إلى نظرته السلبية للمستقبل، واعتماده على الهياكل الإحصائية المستقرة، التي لن تستطيع مواكبة الديناميكية السريعة لوتيرة الحياة الحالية.

- التخطيط بالسيناريو

يتعامل مع المستقبل ومناطق عدم التأكُّد باحترافيَّة شديدة؛ إذ إنه يخلق القصص المتعددة عن المستقبل، ويرصد البدائل المستقبلية الممكنة. بل إن أهم ما يميزه ويجعله أداة العصر في التخطيط، أنه يحاول كشف الإشارات الضعيفة قبل أن تتحول إلى اتجاهات عامة؛ ثم يُجهِّز المؤسسات والأشخاص لفرص وأوضاع مستقبلية لم تظهر بعد. فزمن الجاهزية هو الذي يميِّز مؤسسة من مؤسسة أخرى في التعامل مع الأوضاع المستقبلية. كلما كان زمن الجاهزية أقل، كانت قدرة المؤسسات والأشخاص على النهوض وتحقيق مستوى الأداء المطلوب أكبر.

الآن، طبقًا لمجالك، هل تستطيع أن تحدد ماذا يعني التخطيط بالسيناريو؟

....

....

أنواع السيناريوهات

لماذا نحتاج إلى معرفة تصنيفات السيناريوهات؟

حقق التخطيط بالسيناريو نجاحًا وانتشارًا كبيرين، لا سيما بعد ظهوره في عالم الاقتصاد والإدارة لأول مرة، من تجربة شركة رويال دوتش شل Royal Dutch Shell؛ حيث انطلقت تجربة (شل) من الحاضر نحو المستقبل لتحاول الإجابة عن سؤال فرضي: «ماذا لو توقف تصدير دول الشرق الأوسط للمنتجات البترولية؟» ماذا لو قلت كمية البترول المعروضة في السوق الأمريكية؟ وقتئذٍ لم تكن لديهم إجابة واضحة بشأن هذه القضية، لكنهم -بالتأكيد- استطاعوا تحديد هدف السيناريو المطلوب ونوعيته؛ مما كان له عظيم الأثر في توفير الوقت والجهد في جمع البيانات، وتحديد العوامل والدوافع المحرِّكة، بل والوصول إلى نتائجَ ومؤشرات دقيقة، ساعدتهم على وضع السيناريو المستقبلي الذي تحقق فقط بعد سنتين، بعد أن امتنعت دول الشرق الأوسط عن تصدير النفط إلى أوروبا. لا شك أن «تنوُّع التصنيفات المعتمدة للسيناريوهات يرجع إلى اختلاف المدارس الفكرية والجهود البحثية» (خميس، 2017، ص 1)، التي تقوم على تعدُّد الأسس المنهجية المتَّبَعة، واختلاف وجهات نظر الباحثين والمستشرفين. ولعل الدافع الأبرز إلى تصنيف السيناريوهات هو محاولة وضع حد لإشكالية الخلط المفاهيمي بين: السيناريو، والتوقُّع، والتنبؤ، والاستشراف، وكذلك توضيح الفرق بين مفاهيم البناء، والتخطيط، والتطوير للسيناريو؛ كي نصل إلى أهم السيناريوهات التي تلائم المجال الإنساني والإداري؛ إذ نستطيع توفير مزيد من الوقت والجهد لو حددنا نوعية السيناريو المطلوب منذ البداية. ورغم كثرة السيناريوهات وتنوُّعها، فإنه يمكن تصنيفها بحسب الشكل التالي:

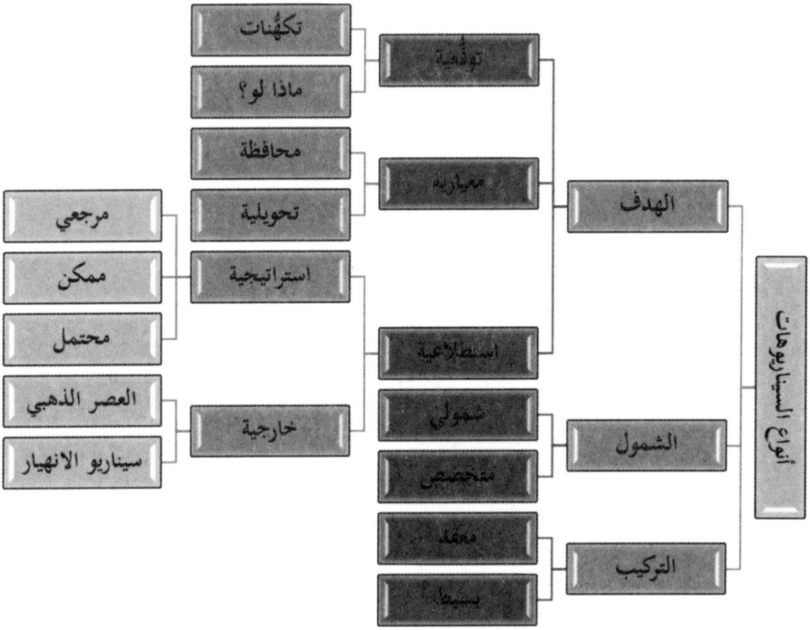

رسم توضيحي 1، أنواع السيناريوهات، بحسب الأدبيات العربية والإنجليزية

المصدر: إعداد المؤلف بالاستفادة من تصنيف Lena Borjeson et al., «Scenario types and techniques: Towards a user's guide 2006 & خميس، محمد، تصنيف السيناريوهات وإشكالية الفوضى النظرية في الاستشراف الحديث. 2017

- **أولًا**: **تصنيف السيناريوهات بحسب الهدف**

1. السيناريوهات: التوقُّعية، والاستهدافية، والتنبؤية، والعكسية

كلها مرادفات لنوع واحد من السيناريوهات، تسعى إلى وصف مستقبل مرغوب، ووضع البدائل المستقبلية الممكنة؛ عن طريق تحديد مسبَق لأهداف مستقبلية واضحة ومحددة، وترجمتِها إلى صورة مستقبلية متناسقة، تبدأ من نقطة معلومة في المستقبل تسمَّى المدى الزمني، ثم العودة منها إلى الحاضر؛ وذلك لتوضيح النقاط الحرجة وتحديد المسارات المستقبلية الممكنة. وهذا النوع من السيناريوهات يحاول التنبؤ المنطقي بالأحداث المستقبلية؛

بالإجابة عن سؤال: ما الذي سيحدث؟ ويمكن تقسيمها إلى قسمين من السيناريوهات:

أ. سيناريوهات (ماذا لو؟): وهي التي تجيب عن سؤال: ما الذي سيحدث لو وقعت تغيرات ذات مُعامِل تأثير كبير على الوضع الراهن وتطوراته في المستقبل القريب؟ ويقوم هذا النوع على توسيع التفرُّعات والمتغيرات، سواء كانت الداخلية أو الخارجية (Borjeson, 2006, pp. 724-725).

مثال:

دائمًا ما يخطر ببال كل إنسان سؤال: ماذا لو؟ ففي الزحام الشديد وقت الذُّروة قد يسأل الإنسان نفسه: ماذا لو كانت السيارات تطير فترتفع قليلًا عن الأرض؟ ماذا لو تحول الطريق الضيق إلى فضاء واسع؟ كم من الوقت سنختصر؟ كيف سيكون نمط حياتنا آنذاك؟ كل هذه التساؤلات تلقائيًا تجبرك على التوسُّع في المتغيرات والتفرُّعات الكثيرة، وعلى رسم صورة واضحة عن المستقبل.

ب. سيناريوهات التنبُّؤات أو التكهُّنات: تقوم هذه السيناريوهات على احتمالية استمرار التغيرات الراهنة (Spyros, 1982, pp. 111-153)، وهي شكل آخر من سيناريوهات (ماذا لو؟) فنجدها أيضًا تجيب عن سؤال: ماذا لو استمر التغيير؟ وتُصاغ السيناريوهات فيه وفق الأكثر أو الأقل في ميزان الرجحان؛ لهذا فهي أكثر ملاءمة لآليات التخطيط في مجال الأعمال، والأحداث الاقتصادية، والإحصاء المؤسساتي، كما أنها لا تناسب المدى الزمني الطويل، أو ارتفاع منطقة اللاتأكُّد في المتغيرات الخارجية التي تسعى إلى التنبؤ بها.

مثال:

المؤسسات التي تسعى إلى تطوير خِدْماتها الإلكترونية وصنع ميزة تنافسية، قد تجد أن الإجابة الدقيقة عن سؤال (ماذا لو استمر عدد مستخدمي الإنترنت في الازدياد؟) ستساعد على رسم صورة مستقبلية ممكنة عن تطوير الخِدْمات المقدمة لعملائها.

2. السيناريوهات المعيارية

تعبِّر هذه السيناريوهات عن النظرة المزدوجة تُجاه المستقبل؛ فقد تعبِّر عن الصورة التفاؤلية للمستقبل التي نطمح إليها، أو الصورة التشاؤمية التي نتجنَّب تحقُّقها (Mietzner & Reger, 2004, pp. 220-240). وتجيب هذه السيناريوهات عن سؤال: كيف نصل إلى هدف أو غاية في المستقبل؟ فإذا كانت الصورة المرجوَّة تفاؤليَّة، سمِّيت هذه السيناريوهات بالمحافظة، أو بالتحوُّلية إذا كان هناك تغيُّر كبير في مجرى الأحداث.

السيناريوهات المحافظة: تحاول تحقيق هدف واضح ومحدد، بإدراج التعديلات في تطوُّر الأحداث الراهنة.

السيناريوهات التحولية: في حال عدم توافق الظروف، والتحول العنيف إلى اتجاه آخر؛ «فتعتبر المستقبل نقطة بداية» (Mattias, 2000, p. 13)؛ لذا تضع أهدافًا بعيدة المدى صعبة التحقُّق، مقارنة بتطوُّرات الوضع الراهن، وتسعى إلى تحقيقها معتمدة على تحليل عميق للمتغيِّرات المستقبلية.

3. السيناريوهات الاستطلاعية

لعل هذا النوع من السيناريوهات هو الأشهر والأكثر استخدامًا في مختلف الأوساط؛ فقد ينطلق هذا النوع من الحاضر دون التقيُّد بأهداف أو محددات واضحة؛ لمحاولة استكشاف أحداث المستقبل. ولكي تصل إلى عدد كبير من السيناريوهات المنطقية، قد تحتاج فقط إلى معرفة

بعض المعطيات البسيطة والاتجاهات العامة، وقد يبدأ هذا النوع من السيناريوهات من نقطة زمنية معلومة في المستقبل (Mietzner & Reger, 2004, pp. 220-240)؛ لكشف التطوُّرات والتأثيرات في نقطة زمنية أبعَد. وطبقًا لتصنيفات أغلب المستشرفين والباحثين في المجال، يمكن أن تُقسم السيناريوهات الاستطلاعية إلى نوعين أساسيين:

- سيناريوهات استراتيجية

تركِّز السيناريوهات الاستراتيجية على المتغيرات التي تستطيع المؤسسة التعامل معها والتحكُّم فيها؛ فنجدها تسلط الضوء على تساؤل: ماذا لو تصرفنا داخل المؤسسة بهذه الطريقة؟ وذلك للوصول إلى صورة مستقبلية واضحة ومحدَّدة عن التطوُّرات المستقبلية. ويمكن التعبير عن هذه السيناريوهات بالأمثلة التالية:

سيناريو ممكِن: يتميز بإمكانية إحداث تغيرات في الواقع، عن طريق تركيز الجهود وتوفير الظروف المناسبة.

سيناريو محتمَل: يعبر عن المنطقة المحتملة، ويشمل كل تصور محتمَل للمستقبل. وهذا النوع يسمح بإدخال تعديلات مستمرة في صورة المستقبل.

سيناريو مرجعي: سيناريو الاتجاهات السابقة، أو سيناريو الوضع الراهن.

سيناريو مرغوب فيه: يعبر عن المنطقة والمستقبل اللذين نرغب فيهما.

- سيناريوهات استطلاعية خارجية (Jungermann, 1985, p. 321)

سيناريو الانهيار: Collapse scenario «يعبر عن عجز النظام عن الاستمرار أو فقدانه لقدرته على النمو الذاتي» (Slaughter, 1996, p. 202).

سيناريو العصر الذهبي Return or Steady-State Scenario: ويُسمى السيناريو السلفي؛ إذ يُبنى على فكرةِ العودة إلى فترة زمنية سابقة، يُفترض أنها تمثل الحياة الآمنة الوديعة.

- ثانيًا: تصنيف السيناريوهات بحسب الشمولية (Notten P. V., 2006, pp. 71-72)

سيناريوهات شاملة: تهتم بوضع تصورات عن العالم كله.

سيناريوهات متخصصة: تهتم بقطاع معين أو صناعة معينة.

- ثالثًا: تصنيف السيناريوهات بحسب التركيب (Notten P. V., 2006, pp. 71-72)

حدثي	بسيط
تحليلي	مركب

متى ظهر التخطيط بالسيناريو، وكيف تطوَّر؟

تاريخ التخطيط بالسيناريو في السلوك والعمران والحياة قديم قِدم الإنسان على الأرض؛ إذ أدرك المزارع البسيط أن اعتماده على نوع واحد من المحاصيل قد يعرِّض زراعته للخطر؛ مما قد يؤثر على مستقبله ومستقبل أولاده، إذا حدث أيُّ تغيُّر مفاجئ من التغيرات التي قد تصيب الزراعة، سواء كانت تغيرات مُناخية أو تغيرات في طبيعة التربة. وفي العصر الحديث، ترجع جذور التخطيط بالسيناريو إلى مجالَي العلوم المستقبلية والإدارة الاستراتيجية؛ فالعلوم المستقبلية استخدمته في وقت مبكر بصفته أداة تحليل مهمة، ووسيلة عرضٍ فعالةً للأحداث المستقبلية والاختيارات المتاحة أمام الفعل الإنساني؛ أما الإدارة الاستراتيجية فقد شرعت في استخدامه بصفته أداة تخطيط مهمة منذ منتصف السبعينيات، حين بدأ المديرون والخبراء الاستراتيجيون في البحث عن أدوات جديدة، تكون أكثر ملاءمة للتخطيط والتعامل مع القضايا المعقدة والإجابة على أسئلة (ماذا سيحدث؟)، و(ماذا سنفعل؟). وتُعَدُّ كل من العلوم المستقبلية والاستراتيجية من العلوم الحديثة التي ظهرت مؤخرا بطريقة منهجية، عقب أحداث الحرب العالمية الثانية؛ إذ برزت استجابة للتغيُّرات السريعة في المؤسسات والقضايا العالمية الأكثر تعقيدًا، التي عجزت الطرق التقليدية عن وضع التصورات المناسبة لمواجهتها. وقد تطور التخطيط الاستراتيجي في مطلع الستينيات على يد مجموعة من العلماء، أبرزهم: تشاندلر Chandler، وآنسوف Ansoff، ولورنس Lawrence، ولورش Lorsch، الذين أسسوا عددًا من المدارس الفكرية؛ للتعامل مع منطقة عدم

التأكد واليقين التي اعتبرت جوهرَ العملية الإدارية؛ لذا سيحاول الباحث تتبع التطور التاريخي لظهور السيناريو في العلوم المستقبلية والإدارة الاستراتيجية، عن طريق مطلبين اثنين:

- أولًا: نشـأة علوم المستقبل

العلوم المستقبلية جذورها قديمة، يرجع استخدامها إلى عصور الأنبياء والمرسلين، وشغلت اهتمام البشر منذ آلاف السنين؛ فاختلقوا النبوءات القديمة وابتدعوا الأساطير والفنون واليوتوبيات الخيالية والفرضيات العلمية؛ للوصول إلى مستقبل أفضل (زاهر، 2004، الصفحات 25-31)، مما يتسق مع ما فُطِر عليه الإنسان من التطلُّع إلى المستقبل واستشراف آفاقه. وبدا ذلك واضحًا في الحضارات القديمة، التي ابتكرت الآليات والأدوات الفعالة لتحسين عملية التنبؤ بتطورات المستقبل، فيما يتعلق بالطقس والظواهر الطبيعية الأخرى. كما حاول الأقدمون تفسير ظاهرة الدورة الطبيعية لتعاقُب الليل والنهار، وظاهرة الموت والحياة، ففي الحضارة المصرية القديمة بنى الفراعنة الأهرامات ومراكب الشمس من أجل المستقبل، كما أن المباني والمرتفعات في حضارتي المايا والأزتك كانت أيضًا لأجل صورة مستقبلية أفضل، وفي اليونان القديمة حفر القوم الصخور ونقشوا عليها من أجل أجيالهم القادمة.

- ثانيًا: من اليوتوبيا إلى التخطيط

تنوعت الآراء عن البدايات الحقيقية للدراسات المستقبلية، ورغم عدم وجود اتفاق بين الباحثين بشأن البداية الفعلية للتفكير المستقبلي، بصفته عِلمًا له مبادئ وأدوات وقواعد أخلاقية تحكمه، إلا أن ثمة اتفاقًا على أن الدراسات المستقبلية -قبل أن ترتبط بالتخطيط- قد مرت عبرَ نفق اليوتوبيات؛ «إذ يُعدُّ أفلاطون أول الفلاسفة والمؤرخين الذين سعوا إلى بلورة التفكير المستقبلي،

في يوتوبياه الشهيرة «الجمهورية» (Rialland, 2009, p. 10)، التي تعبر عن المجتمع المستقبلي الذي يسعى إلى تحقيقه، تلاه بعد ذلك الفارابي، وهو المعلم الثاني الذي بـلوَر مفهوم المدينة الفاضلة من منظور عربي إسلامي، عن طريق وضع صورة مُثلى للتعاون بين أفراد المجتمع؛ بهدف تحقيق العدل وتمكين الفضيلة لمواجهة المدن الجاهلة (زاهر، 2004، ص 33).

كما أن العالم توماس مور Thomas More كانت له بصمة واضحة في تطوير الفكر المستقبلي في نهاية القرن الخامس عشر، برزت من كتابه المعروف باسم (يوتوبيا Utopia) 1516، الذي «قدم فيه تصوُّرًا مستقبليًّا للمجتمع المثالي الخالي من صُوَرِ الأنانية والاضطهاد والظلم كافة» (Lindgren & Bandhold, 2003, p. 33)، ثم تبِعه في نهاية القرن السادس عشر، حتى الربع الأول من القرن السابع عشر، كتاب الفيلسوف الإنجليزي فرانسيس بيكون Francis Bacon، صاحب كتاب (أطلنطا الجديدة The New Atlantis) 1626، الذي حاول فيه طرح رؤية مستقبلية للعالم، تقوم على العلم؛ لرسم صورة مستقبلية عن المجتمع المثالي.

ثم يأتي الفيلسوف والأديب الفرنسي فولتير في الفترة من (1694-1778م)، ليسبق الجميع بمصطلح فرنسي مُبتَكر يعبر عن المستقبليات البديلة واستشرافها، وهو مصطلح Prevoyance (بلمودن، 2013). ورغم ذلك يرى أغلب المستشرقين أن البداية المنهجية للمستقبليات في العصر الحديث تعود إلى المفكر الفرنسي ماركيز دي كوندورسيه Marquis De Condorce في كتابه (رسم صورة تاريخية لتقدم العقل البشري) 1793م، استخدم فيه المنهج الاستقرائي والتنبؤ المشروط، ثم تبِعه عالم الاجتماع س. كولم جلفيلان S. Colum Gilfillan، أول من استخدم كلمة (ميلنتولوجي Mellontology) المشتقة من اليونانية، التي تعني علم دراسة الزمن: الماضي، والحاضر، والمستقبل. وهناك إجماع بين المؤرخين على أن

هربرت جورج ويلز Herbert George Wells (1866-1946)، واحد من مؤسسي أدب الخيال العلمي، هو أول من استخدم مصطلح علم المستقبل، وأشار إليه في محاضرة له في المعهد الملكي البريطاني عام 1902م (منصور، 2013).

البداية الحقيقية للسيناريو

«أسهم رئيس الاتحاد السوفيتي عام 1922م، فلاديمير أوليانوف Vladimir Ulyanov -المعروف بلينين- بدور كبير في إبراز علم المستقبليات وبلورته، وذلك بتأسيسه أول خُطة خَمسية في العالم» (زاهر، 2004، الصفحات 25-31)، بدأ في تطبيقها عام 1928م، بِناء على توجيهات المؤتمر الخامس عشر للحزب الشيوعي، الذي سعى إلى تحقيق تنمية حقيقية شاملة، عن طريق تحويل روسيا من دولة تولي كل اهتمامها للزراعة إلى دولة صناعية قوية؛ وبذلك جعل التخطيط مفهومًا معترفًا بأهميته، وكذلك أسهم في تدشين مجلة أُطلق عليها (الغد)، مجلة المستقبل التي تخصصت في تدريس منهجية المستقبل، التي اقترحت في أحد أعدادها، عام 1938م، إطلاق وزارة باسم وزارة المستقبل، تهدف إلى جمع البيانات والمعلومات من أنحاء العالم كافة؛ للوصول إلى التطورات والاكتشافات والأحداث المستقبلية.

وفي الأربعينيات من القرن العشرين سعى السياسي الألماني أوسيب فلختايم Ossip Flechthiem إلى تطبيق علوم المستقبل على طرق التخطيط التقليدية؛ من أجل تشجيع المجتمعات والمؤسسات على التوجُّه نحو المستقبل؛ إذ حاول إسقاط الحاضر على المستقبل؛ بهدف تحديد التطورات المحتملة والسيناريوهات البديلة. ورغم كل هذه الجهود، فإن البداية الحقيقية للسيناريوهات على أرض الواقع، تمثلت في اتحاد مؤسسة كوبنهاجن للدراسات المستقبلية وسكرتارية السويد للدراسات المستقبلية، تحت رئاسة مجلس الوزراء عام 1973م، ونجاحهما في تقديم عدد من الدراسات

المستقبلية في مجالي التعليم والأمن القومي السويدي، التي أسهمت بدورها إسهامًا كبيرًا في تعزيز ظهور التخطيط بالسيناريو وعلوم المستقبل، كونها علومًا قائمةً بذاتها، ولها مناهجها وتقنياتها، وأثرها في رسم السياسات والاستراتيجيات المحلية والإقليمية والعالمية، كما فتحت الباب أمام العديد من المؤسسات والمنظمات المهتمة بدراسة المستقبل، التي بلغ عددها آنذاك (900) مؤسسة في عام 2002م، أشهرها نادي روما، ومؤسسة باريلوشي في الأرجنتين (Lindgren & Bandhold, 2003, p. 34). وعلى الرغم من أصالة الاستشراف المستقبلي والتخطيط المنهجي له وقِدَمِهما، فإن عام 1990م يمكن عدُّه العصر الذهبي لميلاد تقنيات ومنهجيات جديدة للتفكير المستقبلي والتخطيط له، ومنها السيناريو الذي أصبح جزءًا من الروتين اليومي للتخطيط.

والخلاصة...

نستطيع أن نقول إن العلاقة بين الدراسات المستقبلية والتخطيط بالسيناريو علاقة وطيدة، مرت بِعدة تحولات، أولها اليوتوبيا التي حاول فيها الفلاسفة الوصول إلى الصورة المثالية للمجتمع في المستقبل، باستخدام التنبؤ المشروط، ووصولًا إلى الاستشراف المنهجي للمستقبل، الذي استعان بالسيناريوهات بصفتها أحد أساليب الدراسات المستقبلية، منذ أن بدأ عدد من الهيئات الوطنية المهتمة بدراسة المستقبل، وعلى رأسها الأمانة السويدية للدراسات المستقبلية، التي تبنت السيناريوهات ووظفتها أداة لاستكشاف العقود المستقبلية؛ فلا تنتهي دراسة عن المستقبل إلا بعدة سيناريوهات، تعبر عن الاحتمالات والتحديات المستقبلي.

متى بدأ تطبيق السيناريو في الإدارة؟

تُعدُّ شركة دوجلاس للطائرات المؤسس الحقيقي للعمل المنهجي نحو دراسة المستقبل ومساراته، وذلك بإنشائها مؤسسة راند للأبحاث والتطوير

RAND Corporation: Research and Development عام 1946م، في أعقاب الحرب العالمية الثانية، بعد أن نجح هرمان كاهن Harman Kahn في تطوير استراتيجية عسكرية لمؤسسة راند، تشبه الإنتاج المسرحي، عن طريق تأليف مجموعة من المشاهد المتوقَّعة عن المستقبل، وساعدهم على ذلك وصف الكاتب ليو روستن Leo Rosten لهذه القصص بمصطلح جديد اسمه السيناريو، اعتمادًا على مصطلح هوليوود، وبذلك «يمكن عَدُّ العالِم هرمان كاهن Harman Kahn صاحب اليد العليا في إدخال تقنية السيناريوهات لعالم التخطيط، بتقديمه أطروحة الحرب النووية - الحرارية أسلوبًا لتحليل العلاقة بين تطوير الأسلحة والاستراتيجية العسكرية، ولدراسة العواقب المحتملة للصراع النووي» (Ringland, 2005, p. 12). وبدأ تطور التخطيط بالسيناريو في الإدارة الاستراتيجية العامة، بعيدًا عن التخطيط العسكري (William Y. Frentzel, et al. 2000)، واستمرت الجهود خلال فترة الأربعينيات والخمسينيات، بتعاون كل من مؤسسة راند ومشروع مانهاتن Manhattan Project، لتطوير التخطيط الحربي العسكري، وبناء المخططات المستقبلية لانتشار القوات المسلحة، وتطوير برامج الفضاء والهبوط على سطح القمر، ودراسةِ كيفية تبرير ذلك اجتماعيًّا واقتصاديًّا.

بداية الانتشار...

تُعدُّ البدايات الحقيقية لتطبيق التخطيط بالسيناريو في المجال الإداري، عقب تبني مؤسسة شل shell للسيناريو أداة استراتيجية في التخطيط منذ عام 1964 (Van der Heijden, 1996)، بعد أن وضع بيير واك Pierre Wack وتيد نيولاند Ted Newland - أشهر رواد التخطيط بالسيناريو آنذاك- خطة طويلة الأجل لعام 2000م، اعتمدا فيها على التنبؤ بأحداث المستقبل ووضع الخطط البديلة للأحداث المحتملة، وقد كان لها أثر كبير في تطور الشركة ونجاحها

خلال السنوات الأخيرة، وانتشار منهج السيناريوهات في الأعمال التجارية؛ فقد بدأ معهد ستانفورد للأبحاث ومعهد هدسون بتقديم خدمات تخطيطية طويلة المدى، «وشجَّع نجاح شركة شل مع التخطيط بالسيناريو بعض المؤسسات، مثل شركة رويال دتش Royal Dutch، وبعض المنظَّمات، مثل SRI International وباتيلي Batelle على تبني السيناريوهات» (Kahn, H., & Wiener, A., 1967, pp. 705-732).

ومن زاوية أخرى، فقد ظهر خلال فترة السبعينيات عدد من الهيئات الوطنية المهتمة بدراسة المستقبل، على رأسها الأمانة السويدية للدراسات المستقبلية، التي تبنت التخطيط بالسيناريو ليكون أداة لاستكشاف العقود المستقبلية.

السيناريوهات في فكر ابن خلدون

رغم الاعتقاد السائد بأسبقية الغرب في استخدام أسلوب السيناريو على يد العالم هرمان كاهن Harman Kahn، فإن الثبيتي يؤكِّد في كتابه (سيناريو الحوادث) أسبقية المسلمين في استخدام أسلوب السيناريو، فقد اتخذه العلامة ابن خلدون منهجًا بارزًا في الكتابة والتحليل واستقراء الحوادث والوقائع (الثبيتي جوير، بدون ص 1). ظهر ذلك في كتابه (المقدِّمة)؛ إذ راعى في كتابته الخطوط العريضة للأحداث، والتسلسل والترابط والتشابك بينها؛ كما أن الانفتاح على تقنية السيناريو يُعزَى إلى الانتشار الواسع للتخطيط الاستراتيجي في العديد من المشروعات التجارية والصناعية» (Reibnitz, 1998, p. 13).

انحدار إجباري...

رغم التقدم الكبير في استخدام التخطيط بالسيناريو، فإن عصره لم يدُمْ طويلًا؛ إذ أجبر الركود الاقتصادي -في أعقاب أزمات النفط، في منتصف السبعينيات وأواخرها- الشركات على تسريح بعض موظفيها، والرجوع إلى

التخطيط التقليدي؛ بسبب تعرُّض عدد من السيناريوهات المبسَّطة للانتقاد الشديد، بعد فشلها في تمييز السيناريوهات من التوقُّعات، بالإضافة إلى العادات القديمة الجامدة في التخطيط طويل الأجل والتعامل مع المستقبل (Lindgren & Bandhold, 2003, p. 37). ومع ذلك، فإن هذا الوضع لم يدُمْ طويلًا؛ نتيجة للإخفاقات التي تعرض لها التخطيط التقليدي في الثمانينيات؛ مما أدى إلى تجدد اهتمام شركات الاستشارات المستقبلية بتطوير منهجيات التخطيط بالسيناريو، وبدأت الشركات تدريجيًّا في إعادة دمج تطبيقات السيناريوهات في التخطيط مرة أخرى، إلى أن اعتُمِد التخطيط بالسيناريو في عدد من الملفات الوطنية.

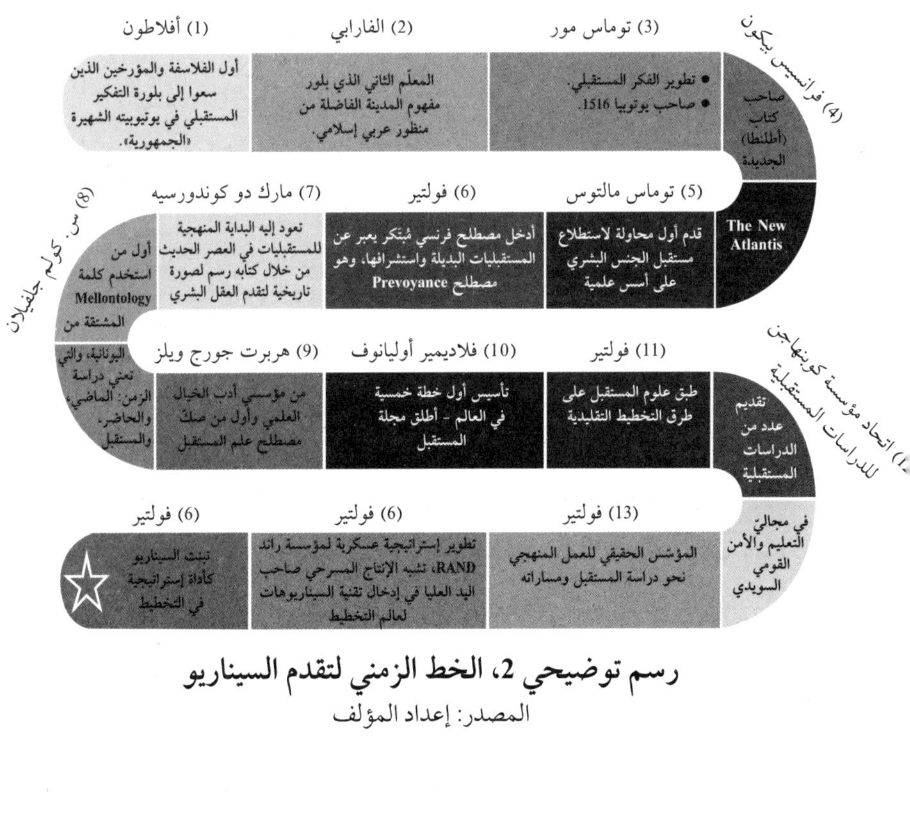

رسم توضيحي 2، الخط الزمني لتقدم السيناريو

المصدر: إعداد المؤلف

لماذا نحتاج إلى التخطيط بالسيناريو في حياتنا؟

يسعى التخطيط بالسيناريو إلى تقليل هالة الغموض واللاتأكُّد التي تحيط بالمستقبل، ولا ندعي بذلك كشف الغيب، وإنما نعتمد على المقدمات والإشارات الضعيفة التي تساعدنا على الوصول إلى النتائج المحتمَلة؛ لمعرفة الاتجاه العام؛ ليسهل بذلك تحديد الخيارات الاستراتيجية وفق منهجية علمية. فتقليل نسبة الغموض التي تلُفُّ المستقبل ستوفر جاهزية أكبر لمواجهة أي تحدٍّ. وتتحدد أهمية التخطيط بالسيناريو طبقًا لنوع كل سيناريو وغرضه، إلا أن ذلك يمكن جمعه وإجماله على النحو التالي:

1. تحسين عملية التفكير الاستراتيجي: عملية التخطيط بالسيناريو - بطبيعة الحال- تستهدف مدى زمنيًّا أطول من ذلك المستهدَف في التخطيط التقليدي، بالإضافة إلى تعامله المباشر مع عدد من المتغيرات المختلفة في وقت واحد (سعداوي، 2016، ص 81)؛ فتبدأ عملية التنمية الفكرية بالتنوع في طرق جمع المعلومات، ثم اختلاف تحليلها من المشاركين في عملية صنع الخطة بالسيناريو، ثم تأتي الاجتماعات وورش العمل والمناقشات التي يحاول فيها المشاركون الوصول إلى السيناريو المحتمَل والمرغوب فيه؛ ليجد المخطِّط بالسيناريو نفسه وقد اتسعت حدوده الثقافية والفكرية، رغم محاولته للتخطيط لمتغير واحد فقط.
2. رفع درجة الوعي الفردي: تزيد دراسة المتغيرات السياسية والاقتصادية والبيئية المرتبطة بتحديد السيناريوهات المستقبلية

مستوى الوعي الفردي بالعديد من القضايا المهمة (Rowland & Hartmann, 2014, p. 19).

3. تنمية الروح الإبداعية: يتحدى المخطط بالسيناريوهات الطريقة التقليدية في التفكير وفي عرض الأحداث وتسلسلها؛ عن طريق المزج بين الكمية والنوعية والمنهجية العلمية وبين الجانبيْن الفلسفي والفني (Rowland & Hartmann, 2014)؛ فعملية بناء السيناريوهات تقوم على الاستخدام المنظَّم للبديهيات المطروحة، ومزجها بالخيال المنطقي؛ للوصول إلى السيناريو المحتمل، بالإضافة إلى التحليل العميق لكل الأحداث وكل العلاقات بين المتغيرات.
4. كشف الاتجاهات المستقبلية: أهم ما يميز التخطيط بالسيناريو قدرته على كشف المسارات المستقبلية وتحديدها (Thomas & Nimon, 2013)، وكذلك التحديد المسبق لنقاط التحول والاضطرابات المحتملة، عن طريق تمييز الإشارات الضعيفة قبل أن تتحوَّل إلى اتجاه عام أو سلوك يسلكه الناس، ثم تجهيز أطقم العمل وتوفير المهارات والأدوات الممكنة لهذه اللحظة، وذلك يضمن تقليل زمن الجاهزية، والانتقال المرن بين البدائل المحتملة.
5. وضع سيناريوهات حتمية وقريبة: لا يقوم مبدأ التخطيط بالسيناريو على كشف المستقبل أو محاولة التنبؤ بالأحداث فقط، وإنما يحاول تقليل فجوة اللاتأكُّد وعدم اليقين، وتبسيط تعقيدات المستقبل؛ من أجل تسهيل التعامل مع أحداثه؛ فعن طريق بناء التوقعات السليمة للمستقبل، نستطيع أن نقدم عدة سيناريوهات تعبِّر عن المستقبل تعبيرًا حقيقيًّا وواضحًا.
6. التنبؤ بالاحتياجات المستقبلية للفئات المستهدَفة: تأتي على رأس أولوياتنا -أفرادًا أو مؤسسات- معرفةُ الاحتياجات المستقبلية

للفئات التي نتعامل معها؛ فيضع المخطِّط بالسيناريو نُصب عينيه التقدم التقني الكبير في المجالات كلها، والتغيُّر السريع في سلوك العميل. فالسيناريوهات تُعدُّ مصدر إلهام لعدد من الأفكار المبتكرة، التي يمكن بواسطتها التنبؤ بالاحتياجات المستقبلية للمستهلكين أو خلق مشروعات جديدة، وكلنا يعلم كيف اختفت شركة نوكيا من مضمار المنافسة، وكيف أخفقت في تلبية لوازم الطفرة التي حدثت لسلوك المستهلكين.

7. إدارة المخاطر والتعامل معها: «التفكير الاستباقي في رصد المخاطر والتهديدات قبل وقوعها يزيد من فرصة تفاديها، وتجنب وقوعها» (منصور، 2013، ص 41)، أو التخفيف من آثارها السلبية قبل تفاقمها وتحولها إلى كوارث، والتوقُّع الكَمِّيُّ للأحداث قد لا يعطي فرصة لإدارة المخاطر، دون سيناريوهات استباقية عن كيفية التعامل معها.
8. تحقيق التنمية المستدامة: يعتبر التخطيط بالسيناريو مدخلًا لا غنى عنه لتحقيق التنمية المستدامة؛ إذ يوفر سيناريوهات ابتكارية تقلل حالات اللاتأكُّد؛ مما يسهِّل على الإدارة تحديد السياسات والاستراتيجيات الواضحة، التي بدورها تستطيع أن تتجنب عددًا كبيرًا من المخاطر المحتملة، وأن تضع الحلول المسبقة لها؛ مما يزيد من فرصتها في تحقيق أداء مؤسسي راسخ ومتطور. «وقد اتسمت فترة الثمانينيات والتسعينيات بازدهار واضح للشركات العالمية الكبرى التي استخدمت التخطيط بالسيناريو، مثل: شل Shell، وشركة إي دي إف E.D.F.، وشركة إي إل إف E.L.F، كما استخدمته مجموعة إكسا الفرنسية للتأمين Axa France» (Ringland, 2005, pp. 259-309).

والتنمية المستدامة -بمفهومها العصري- تتحقق بما يلي:

أ. تحسين الأداء المؤسسي: أصبح الأداء المؤسسي أحد الأركان الأساسية للوصول إلى التنمية المستدامة. ولا شك أن ما يقوم به التخطيط بالسيناريو، من تعزيز طرق اتخاذ القرار بتقليل فجوة اللاتأكُّد، «يُسهم كثيرًا في تطوير الأداء المؤسسي، وتوسيع التفكير الاستراتيجي، ورفع الكفاءات القيادية» (Matlock, 2012, p. 5).

ب. التحوُّل من الإدارة بِرَدِّ الفعل إلى الإدارة بردود الأداء المبادر: فالتحليل العميق لأحداث الواقع أو المستقبل يعين على بناء افتراضات تقوم على أُسس العقل والمنطق؛ مما ينتج عنه تحديد مسارات مستقبلية محتمَلة، «تساعد صانعي القرار أو أصحاب المصلحة على عملية ترشيد القرار والتعامل العقلاني مع المستقبل» (Babor, 2018, p. 258)، بالإضافة إلى عملية توليد مؤشِّرات تساعد على تحديد مسارات تغيير النظام؛ وعلى هذا فإن وجود هذه المؤشرات حتمًا سيُمكِّن المديرين من ضبط الإجراءات، حسب متطلبات الأداء، والقيام بالمهام القيادية التي من شأنها أن تقود المؤسسة إلى الأداء المبادر.

السيناريوهات والمشروعات الصغيرة

السيناريو الاستراتيجي لا يعطي إجابات سريعة عن أوضاع المستقبل، ولا يمكن عَدُّه خيارًا سهلًا لمن أراد تقليل فجوة اللاتأكُّد واقتحام منطقة المجهول في المستقبل، لكنه بالطبع رهان مقبول على زيادة درجة اليقين بشأن أحداث المستقبل، ويمكن أن تستفيد منه أطراف كثيرة، سواء على نحو مباشر أو غير مباشر. والتزامًا بهدف البحث، فإننا سنسلط الضوء على أهمية السيناريو الاستراتيجي في إطلاق المشروعات الصغيرة وتطويرها؛ بما يضمن استمرار عجلة الاقتصاد على المستويَين المحلي والدولي.

- تدعيم الابتكار في مجال الأعمال: لا تسعى السيناريوهات المستقبلية إلى التفكير داخل صناديق جديدة وحسب، وإنما إلى التفكير خارج نطاق المألوف، والمضي قُدمًا نحو مستقبل جديد، عوضًا عن الأفكار التقليدية في عرض تطور الأحداث وتسلسلها، بناء على حركة المجتمع المستقبلية؛ لذلك فالسيناريو الاستراتيجي يُسهم في فتح الباب أمام مشروعات اقتصادية مبتكرة، وكلما كان السيناريو واضحًا، كانت فرصة ظهور أعمال توافق حاجة المجتمع أكبَر؛ إذ إن السيناريو يكشف الاتجاهات العامة والقوى المحركة، ويحلل الترابطات بين حركة هذه المتغيرات.
- تغيير مستوى التفكير الاستراتيجي: تهدف السيناريوهات إلى تشكيل حالة وعي مثالية بالواقع الحالي والمحتمل، بالإضافة إلى التفكير في ردود الفعل الممكنة، وتحليل مضمون القرار الاستراتيجي وأثره في المستقبل (العنزي والسعيدي، 2014). تخلق السيناريوهات حالة من التمدُّد الفكري اللاإرادي؛ نتيجة متطلبات إعداد السيناريو، التي تستدعي ضرورة اطِّلاع المخطِّط على أحدث المستجدات وباقي العوامل المرتبطة بمجال عمله؛ ولعل ذلك يعزِّز من وجود مشروعات قائمة على بُعد استراتيجي، بعيدًا عن الهوى والميول الشخصية، التي غالبًا ما تُعرِّض أغلب المشروعات الصغيرة للفشل في عامها الأول.
- تحقيق ميزة تنافسية: التنافس بين المشروعات والمنتجات أمر محمود، يعود بالنفع دائمًا على مصلحة العملاء والموزعين (Ageberg, 2010)؛ لذلك يكون السيناريو الاستراتيجي أكثر فاعلية، عندما تترجمُه الأطراف المعنيَّة إلى نماذج أعمال توضِّح التغيرات الاستراتيجية في السوق؛ مما يحفز أصحاب المشروعات الصغيرة على ابتكار خِدْمات ومنتجات جديدة، تقابل الاحتياجات الحقيقية

للعملاء في المستقبل؛ وهو ما يضمن بقاءها في دائرة المنافسة مع المشروعات الأخرى، وتعزيز استمراريتها في بيئة الأعمال الديناميكية، وكسب شريحة واسعة من العملاء.

- تقليل زمن الجاهزية: تعاني جميع المشروعات من وتيرة التغيرات السريعة، لا سيما المشروعات الصغيرة؛ كونها الأكثر انتشارًا، وكذلك من غياب خطة مستقبلية تحوي عددًا من البدائل الممكنة. يؤثر ذلك في وقت الجاهزية لدى الشركات لاستيعاب هذه التغيُّرات؛ مما ينعكس على سهولة الانتقال المرن من خطة (أ) إلى خطة (ب). وقد أثبتت أزمة كوفيد 19 (فيروس كورونا المستجدِّ)، في مقتبل 2020م، مدى التخبُّط والاضطراب الذي أصاب المؤسسات في مقتل؛ نتيجة غياب الجاهزية للمستقبل، ولكن في المقابل هناك نماذج استطاعت أن تتعامل مع الأزمة على نحو أسرع؛ بفضل الاستعداد المبكر للأزمة.
- تفعيل خطة الطوارئ: تراهن تقنية السيناريو على إمكانية تصوُّر الأزمات قبل وقوعها بوقت كافٍ، وعلى وضع إشارات إنذار مبكرة لمراقبة الاختلالات (عفيف، 2016). لا يمكن لأحد أن يمنع حدوث الأزمة، وإنما يستطيع أن يضع خطة طوارئ مبكرة، وغالبًا ما يطرح مديرو المشروعات تساؤلًا: ما أسوأ سيناريو يُمكن أن يحدث للمشروع؟ ويبدأ في إعداد خطة طوارئ، وتهيئة أفراد إدارته للتعامل مع هذا الوضع، والتجهيز لأي طارئ؛ لأخذ الاحتياطات والتحذيرات اللازمة في وقت مبكر.
- توجيه الأنظار نحو التوجُّهات العامة:Trends يتطلب تأسيس مشروع صغير لمعرفة الاتجاهات العامة لبيئة الأعمال الحاضنة للمشروع

(رمضان، 2020)، ولعل أبرز الأخطاء التي يقع فيها مؤسِّس المشروع تجاهله لهذه التوجهات، وتأسيسه لمشروع قد لا يتناسب مع التغيرات المحتملة خلال سنة واحدة. ويمكن معرفة التوجهات عن طريق مراقبة وسائل الإعلام، كالجرائد وغيرها، إلى جانب مواقع التواصل الاجتماعي، أو استخدام محركات البحث العالمية، ومتابعة تقارير الأداء والاستراتيجيات الدولية.

- تمكين المشروعات وتطويرها: أحدثت الثورات التكنولوجية طفرة هائلة في عالم الأعمال؛ فأصبح من غير الممكن بقاء المشروع على حاله لعام كامل؛ لهذا ينبغي أن تكون فكرة المشروع مرنة وقابلة للتطوير والتحسين في ضوء التغيرات المستقبلية المحتملة. ويمكن تهيئة الفكرة مبكرًا بربط المشروع بالأدوات التقنية المتاحة والاستفادة منها في تحسين أداء المشروع مثل: استخدام التقنيات الحديثة في تحليل سلوك المستهلك، والتنبؤ باحتياجات السوق، واستغلال وسائل التواصل الاجتماعي.
- تسليط الضوء على القيمة المضافة المستمرة: تبدأ فكرة المشروع بقيمة مضافة، وثغرة في عالم الأعمال يسعى صاحب المشروع إلى سدها وتلبية رغبات العملاء، ولكن قد تبدأ هذه القيمة بالتلاشي تدريجيًّا، إلى أن تختفي فور ظهور منافسين جدد في دائرة العمل نفسها؛ لذا فإنه يُوصى دائمًا بخلق قيمة مضافة تتبلور بشكل مستمر؛ لمواكبة التغيرات المحتملة في سلوك المستهلك من ناحية، وتحقيق أعلى ربحية من ناحية أخرى.
- إجبار المشروعات الصغيرة على الالتزام بالإدارة الرشيدة: يجب أن تلتزم المشروعات الصغيرة بالتطبيق الصحيح لقواعد الإدارة الرشيدة،

سواء في توفير رأس المال والعناصر البشرية المساعِدة على تنفيذ الأعمال، أو في الاستغلال الأمثل للتكنولوجيا وتحويل جزء من الأعمال عن بُعد؛ للتهيؤ لأي أوضاع غير مرغوب فيها (الخالدي، 2002).

- توسيع مدارك التخطيط المستقبلي للمشروع: يكمن الهدف من التخطيط الاستراتيجي في تحديد الفرص والإمكانيات؛ لتحقيق أقصى استفادة ممكنة من الأوضاع الراهنة، والتجهُّز للأحداث المحتملة. ويشمل التخطيط الاستراتيجي وصفَ الوضع الراهن، وتحليلَ بيئة الأعمال تحليلًا وافيًا، يتضمن كل المتغيرات المرتبطة بإنشاء المشروع، ودراسة كيفية تطوُّر أحد هذه المتغيرات في المستقبل ومدى تأثيره على المشروع.
- تطوير صناعة الخطة التسويقية: تشمل الخطة التسويقية اختيارَ الموقع، وتحديدَ نوع السلعة أو الخدمة المقدَّمة، واختيارَ وقت طرحها، وتصوُّر العملاء المحتمَلين، وحجمَ المنافسة المتوقَّعة، وقائمةَ الأسعار المحتملة، وآلياتِ الترويج والتوزيع للمنتج أو الخدمة والإعلان عنها، بالإضافة إلى اختيار العناصر البشرية المدرَّبة وفرزِها (سليمان، 2009).

الفصل الثاني

أصول التخطيط بالسيناريو

من يستطيع أن يستخدم منهجية التخطيط بالسيناريو، ومن المستفيد؟

عرفنا في الفصل الأول مفهوم التخطيط بالسيناريو، واكتشفنا تداخُله مع مختلف مجالات الحياة، واعتماد كثير من الأعمال على مبدأ السيناريوهات؛ إما لتجنُّب المخاطر والتهديدات، أو لتحقيق مكاسب وأداء مؤسسي مطلوب؛ لذا فإن التخطيط بالسيناريو ليس حِكرًا على أحد، بل يمكن للجميع القيام به، ما دام استوفى العناصر الرئيسة للخطة، ووضع هدفًا يُرجى من السيناريو، والتزم بالمبادئ والقواعد الحاكمة للتخطيط بالسيناريو. ولعل أبرز المستخدمين والمستفيدين من التخطيط بالسيناريو هم:

- المفكِّر والمخطِّط الاستراتيجي: يأتي على رأس المستخدمين للتخطيط بالسيناريو؛ لإدراكه التام أهمية منطقة المستقبل العمياء، التي يسعى دائمًا إلى استكشافها؛ بغرض التنبؤ بالمخاطر والتهديدات المحتملة، ووضع الخطط المناسبة لمواجهتِها.
- أصحاب المصلحة: يستفيد صاحب المصلحة من نتائج السيناريوهات في تحقيق أقصى استفادة ممكنة من الفرص المحتملة؛ لتحقيق ميزة تنافسية وأداء مؤسسي نموذجي، وذلك بوضع التدابير والاحترازات الاستباقية؛ من أجل تقليل زمن الجاهزية أثناء الانتقال بين الخطط الاستراتيجية الموضوعة سابقًا.
- صُناع القرار: اتخاذ القرارات الاستراتيجية ليست مهمة سهلة على الإطلاق، وغالبًا ما نجد المديرين يهربون من اتخاذ القرارات المصيرية، أو يعتمدون استراتيجيات مستقبلية لا تعتمد على منهجية علمية واضحة تدعم هذه القرارات؛ لذا فإن أسلوب السيناريوهات الاستراتيجية يُسهم كثيرًا في تقليل فجوة اللاتأكُّد وعدم اليقين، وفي إيضاح الرؤية لمدى زمني أبعد؛ مما يدعم عملية اتخاذ القرار الاستراتيجي.

- المستهلكون: عندما تضع مؤسسة ما السيناريوهات المستقبلية المتوقَّعة، حول المنتجات والخِدْمات التي تقدمها، فإن ذلك سيكون -في المقام الأول- في صالح العملاء؛ لأن المستهلك دائمًا يسعى إلى الحصول على خِدْمات مبتكرة وسريعة، واهتمام المؤسسة بتحديد مسارات مستقبلية لتطور الخدمة سينعكس إيجابيًّا على سلوك المستهلك، وشعوره بالرضا عن المؤسسة التي يتعامل معها.
- أصحاب المشروعات الصغيرة: تنطلق أغلب المشروعات الصغيرة تماشيًا مع الاتجاه الحالي للدولة، الذي يتغير دائمًا مع وتيرة التغيرات السريعة. وقد تكون ملاحظة الاتجاه العام لمدى زمني قصير مهمةً سهلة لدى الكثير، بخلاف استشراف الاتجاه العام لمدى زمني بعيد؛ لذا فإن أصحاب المشروعات الصغيرة ستكون لديهم فرصة أكبر في الاستمرارية والنجاح من خلال تقنية السيناريوهات، التي تُعطي أسبقية لرواد المشروعات الصغيرة في استغلال التوجهات المستقبلية للدولة عوضًا عن الطرق التقليدية في تدشين المشروعات الصغيرة.
- القيادات الإدارية: غاية كل دولة تكمن في تمكين القيادات الشابة الطموحة، وتعزيز عملية الاستجابة السريعة لمتطلبات العصر. ولعل السيناريوهات الاستراتيجية تضمن تحويل نمط التفكير الإداري، من نموذج الإدارة بِرَدِّ الفعل إلى النموذج الإداري الفعال المبني على الأداء المبادر؛ مما يعزز عملية البناء والتمكين للقيادات الإدارية الشابة.
- الشباب الطموح: يُسهم التخطيط بالسيناريو في استكشاف مستقبل المهن، وتحديدِ العوامل التي يتوقف عليها ظهور بعضِها واختفاء

بعضِها الآخر، وذلك سيكون له عظيم الأثر في دعم الشباب، باختيار المسار المِهْني المناسب؛ للحصول على فرصة عمل مناسبة في المستقبل، والتجهيز للمستقبل باكتساب المهارات والصفات المطلوبة كافة.

سِمات المخطِّط بالسيناريو

قبل أن تشمر عن ساعديك وتبدأ في عملية التخطيط بالسيناريو، راجع مستوى هذه الصفات في شخصيتك، وابذل قصارى جهدك لتحقيق المزيد منها؛ فالعالم يحتاج الآن إلى المؤثرين دون غيرهم.

أولًا: السمات الأخلاقية

لا أعتقد أن هناك شخصًا استطاع النجاح دون مجموعة من القيم والمبادئ يتحلى بها طيلة حياته، ورغم أنه لا يمكن حصر هذه السمات الأخلاقية التي يجب أن يتمتع بها المخطِّط بالسيناريو، فإننا نستطيع التركيز على أبرزها:

- الصدق والنزاهة: عندما وضع نبي الله يوسف عليه السلام خطته المستقبلية لإدارة الأزمة المحتمَلة، أيام القحط في مصر، كان صادقًا في عرض الرؤية المستقبلية؛ لشحذ الهمم ورفع الطاقات من جهة، وتأكيدًا على خطورة الموقف من جهة أخرى. ورغم أن الصدق سمة شخصية يتمتع بها الفرد، فإن عدم التزام المخطِّطين والمتعاونين في عملية التخطيط بمستوى عالٍ من الصدق والنزاهة، سيؤثر سلبيًّا في عملية بناء السيناريو.
- القوة والأمانة: يقول الله -عز وجل- على لسان إحدى المرأتين اللتين سقى لهما سيدنا موسى عليه السلام مخاطبة أباها، حين استدعاه

ليشكره على مبادرته: ﴿يَٰٓأَبَتِ ٱسْتَـْٔجِرْهُ ۖ إِنَّ خَيْرَ مَنِ ٱسْتَـْٔجَرْتَ ٱلْقَوِىُّ ٱلْأَمِينُ﴾ (سورة القصص: 26)، وليس ما نقصده هنا القوة الجسمانية وحسب، وإنما نعني القُوة في الصنعة والكفاءة وحسن التصرف، وقوة الصبر على العمل وإصلاحه، وقوة المعرفة والتحليل أيضًا؛ أما الأمانة فتكون برعاية ما يكلَّف به الإنسان من عمل، وبذل الوسع من جهده لأداء المهمة المطلوبة بإتقان وحرفية شديدة؛ لتجنب ضياع مجهود الآخرين.

- الروح الجماعية: أثناء محاولة شركة الطيران البريطانية تطبيق منهجية التخطيط بالسيناريو، عقب أحداث حرب الخليج الأولى، لأول مرة في تاريخها، كانت هناك جُملة من الأخطاء، التي نتجت عن قلة خبرة الفريق في استخدام تقنية التخطيط بالسيناريو. فتهاوُن فريق جمع البيانات في تقديم المعلومات في الوقت المحدد، بغض النظر عن الأسباب، نتج عنه تجاوز فريق تطوير السيناريو للفترة المسموح بها لخلق قصص معقولة عن السيناريو المستقبلي؛ ومِن ثَم تأثرت مراحل السيناريو التالية؛ مما تسبب في عدم رضا فريق التطوير عن النتائج. لذلك فإن وجود الروح الجماعية والتعاونية بين أفراد الفريق، يضمن نجاح عملية تصميم السيناريو في المدى الزمني المحدَّد.
- التشاركية في الرأي: تضمن عملية التشاور والعصف الذهني البنَّاء عدم انشغال فريق العمل أو تَشتُّته بقضايا أخرى فرعية، وتُسلِّط الضوء على القضايا المركزية والهدف الأساسي من عملية استشراف المستقبل؛ لتحقيق النتائج المرجوة من السيناريو.

ثانيًا: السمات المِهْنية

- هناك عدد من الصفات المهنية التي يجب توافرها في المخطط بالسيناريو؛ بغض الطَّرف عن طبيعة المهمة التي يقوم بها، سواء كان ينتمي إلى فِرَق جمع المعلومات وتحليلها، أو فِرَق تطوير القصص المعقولة عن المستقبل، ويمكن تلخيصها في النقاط التالية:
- روح المبادرة وتحمُّل المسؤولية: امتلاك روح المبادرة يعني امتلاكك لمفاتيح النجاح؛ فمن يبادر يسعى للحصول على المعرفة، ويساعد نفسه والآخرين ويرفع طاقاتِهم. والمبادرة في أي ميدان عمل هي الأداة السحرية لكل قائد؛ يستثمر عن طريقها الطاقاتِ البشريةَ المتاحة، ويبثُّ في نفوسهم كل معاني المبادرة. والتخطيط بالسيناريو من المهن غير التقليدية التي تتطلب مستوى من المبادرة وتحمُّل المسؤولية، ونجد يوسف عليه السلام يبادر ويتولى إدارة واحدة من أكبر الأزمات الاقتصادية التي تعرضت لها مصر إلى الآن، كما ورد في سورة يوسف: ﴿قالَ اجعَلني عَلى خَزائِنِ الأَرضِ إِنّي حَفيظٌ عَليمٌ﴾ (سورة يوسف: 55) ليجسد نموذجًا رائعًا في تحمل المسؤولية في الأوقات الصعبة.
- القابلية للتعلُّم والتدرُّب: يجب أن تكون رغبة المخطط بالسيناريو في التعلُّم والتدرُّب في أوجها؛ فدون المعرفة لن يستطيع أن يقوم بالمراحل المختلفة للتخطيط، فإن استطاع التنبؤ بالإشارات الضعيفة قبل أن تتحول إلى اتجاهات عامة، فقد يفشل في الربط بين الإشارات وبعضها، أو في تطوير قصة معقولة عن المستقبل. والمعرفة تزيد الطاقة، والطاقة تسمح بتمدد الوقت، وقد قال الله -تعالى- في محكم تنزيله: ﴿وَٱللَّهُ أَخۡرَجَكُم مِّنۢ بُطُونِ أُمَّهَٰتِكُمۡ لَا تَعۡلَمُونَ شَيۡـٔٗا وَجَعَلَ لَكُمُ ٱلسَّمۡعَ وَٱلۡأَبۡصَٰرَ وَٱلۡأَفۡـِٔدَةَ لَعَلَّكُمۡ تَشۡكُرُونَ﴾

(سورة النحل: 78)، فالتعلُّم سنة كونية مستمرة إلى أن يلقى الإنسان ربه، ويمكن الحصول على المعرفة بالقراءة، أو بحضور الورش التدريبية، أو بالاحتكاك بالخبراء. وتذكر دائمًا: أبسط الأمور التي تقدِّمها لذاتك: ألا يكون قَدْر معرفتك اليوم هو نفْس قَدْرها بالأمس.

- التوجيه الفعال: رؤية المخطِّط دائمًا تختلف عن رؤية الشخص العادي؛ فعلى الرغم من شموليته في إعداد السيناريو، فإنه يعطي كل تفصيلة صغيرة احتمالات حدوثها المنطقية، بناء على ما ورد من معلومات وتحليلات ونقاشات مع مختلف الجهات؛ لذا نجد المخطِّط الجيد هو الشخص القادر على التوجيه الفعال لأفراد الفريق؛ ليضمن التقويم السليم لأفكارهم؛ من أجل الاستغلال الأمثل لهذه الكفاءات البشرية وتسهيل الوصول إلى أهداف التخطيط.
- المرونة: تتعامل منهجية التخطيط بالسيناريو مع مناطق عدم اليقين واللاتأكُّد والمناطق العمياء في المستقبل، وعلى الرغم من اعتمادها على الأسباب والافتراضات المنطقية في جمع الأحداث وتحليلها؛ للحصول على سيناريو معقول عن المستقبل- فإن هذه التحليلات دائمًا ما تكون بحاجة إلى التقويم والتغيير المستمر، ودون توفر صفة المرونة في المخطط، سيصعب الالتزام بوضع تغييرات دورية على الخطة المستقبلية، بناء على الأحداث الطارئة.

ثالثًا: السمات القيادية

جميع العناصر البشرية المشاركة في عملية التخطيط بالسيناريو هم بالتبعية قادة، يستشعر كل واحد منهم الأهمية الفعلية لِما يقوم به، طبقًا لنوع المهمة المسنَدة إليه؛ لذلك من غير المعقول ألا تلمس فيهم بروز

السمات القيادية، التي تساعدهم على الإبداع والتحريك المستمر لأعضاء فريقهم والتأثير فيهم، ولعل أهم هذه الصفات التي يجب توافرها تتمثل في الآتي:

- الإلهام قبل كل شيء: يساعدك الإلهام على توليد أفكار مبتكرة، ومن يملك الإلهام فقد ملك قوة التأثير في الآخرين وتحريكهم، لكن الإلهام دون إنتاج فعليٍّ يعني ضياع الوقت بلا فائدة والهروب من الهدف الأساسي. أما السؤال الذي يراود الجميع فهو: كيف يأتي الإلهام؟ قد يبدو للبعض من الوهلة الأولى أن عملية الإلهام من أسهل الأمور، ولكن حقيقة الأمر أكثر تعقيدًا من ذلك؛ فكم من الأشياء الصغيرة التي نراها حولنا، نحسب أن اختراع مثلها أمر يسير، لكن في الحقيقة تخلو عقولنا وخواطرنا تمامًا من الإلهام باختراع شيء مثلها، وإن كانت بسيطة التركيب أو الفكرة؛ لذا فإن الإلهام لحظيٌّ، يحدث لفترة قصيرة: يلهمك بعض المفاتيح ويهرب، والمخطِّط الجيد يجب أن يقبض بكلتا يديه على هذه المفاتيح؛ كي يلهم الآخرين رؤوس الأفكار، ولن يتحقق لك ذلك إلا بعمل تحليل عميق للمحتوى والمعلومات.
- الإبداع والابتكار: تخيل معي أن المخطِّط بالسيناريو إنسان تقليدي التفكير والتحليل والنظر إلى الأمور؛ كيف سَيُشرف على رحلة المغامرة إلى أحداث المستقبل المثيرة؟ أو كيف سيعبر عن أفكاره حول المستقبل بالطرق التقليدية؟ كيف سيتقبل التغيرات المستقبلية المحتمَلة؟ كيف سينسِج قصصًا معقولة عن ذلك المستقبل؟ لذا فإن الصفة الأهم في كل مرحلة من مراحل التخطيط بالسيناريو، هي النظرة الإبداعية للمخطِّط؛ فبها يستطيع أن يولِّد أفكارًا غير مألوفة،

كما يمكنه صياغتها في قصة درامية محبوكة تعبر عن الأحداث المتوقَّعة للمستقبل، ونصيحتي لك دائمًا: تخلَّ عما قد يعوقك من الأساليب التقليدية والقديمة في التفكير؛ لتضمن لك مكانًا مستقبليًا بين العظماء؛ فما كانت خطة يوسف عليه السلام لتنجح بعد فضل الله، لولا ابتكاره آلية جديدة لحفظ الحبوب الغذائية لم تكن موجودة وقتئذ.

- قوة الملاحظة والتأثير: نقصد بقوة الملاحظة هنا إدراك المخطِّط للعلاقة بين الإشارات الضعيفة، التي يستهدفها ويحاول ربطها مع بعضها؛ للوصول إلى الاتجاه المستقبلي المحتمَل؛ لوضع صورة مستقبلية واضحة. وفي السينما والدراما التلفزيونية، كلما زادت قوة الملاحظة للبِناء المنطقي لتفاصيل الشخصيات الأساسية والمساعدة وعلاقة الشخصيات ببعضها، ارتفع مستوى التأثير في الجمهور بأحداث مترابطة ومنسجمة ومنطقية.

ثلاثة أشياء لا تفعلها أثناء عملية التخطيط

- اختيار عناصر غير مؤهَّلة للتخطيط: تأتي مهمة اختيار الكفاءات والعناصر المؤهلة على رأس التحديات الحقيقية التي تواجه أي إدارة فعالة؛ فامتلاك هذه العناصر للمهارات والخبرات المطلوبة يساعد المؤسسة على تحقيق رؤيتها، وافتقار هذه العناصر إلى الحد الأدنى من وسائل التمكين المِهْني قد ينتج عنه فشل في الوصول إلى الأهداف المطلوبة، خلال المدى الزمني المحدد.
- استشراف السيناريو التشاؤمي: قدم العالم الإنجليزي توماس مالتوس Thomas Malthus أول محاولة لاستطلاع مستقبل الجنس البشري على أُسس علمية، في دراسته عن نمو السكان (أغوان، 2011)، استطاع بواسطتها تقديم رؤية مستقبلية تتَّسم بالتشاؤم؛ لحل

التناقض الاجتماعي الناتج عن الثورة الصناعية، المتمثل في قلة الإنتاج الزراعي، وتزايد أعداد الفقراء، وتصاعد احتمالات الصراع الطبقي. نشر توماس حالة من الهلع في المجتمعات الطبقية الموجودة في بريطانيا آنذاك؛ تسببت في إبادة جماعية للكثير من الشعوب المضطهدة، وإجبار بعض العرقيات من الهنود والسود على التعقيم القسري. لا يمكن أن ننكر أن سيناريو الانهيار واحد من أنواع السيناريوهات المحتمَلة بشأن المستقبل، التي غالبًا ما يركِّز فيها المخطط على توقُّع أسوأ الاحتمالات؛ لكنها يجب ألا تكون بغرض التخويف أو نشر حالة الهلع وإنما بغرض الاستعداد في حالة الانهيار. والتزامًا بقاعدة حسن الظن بالله، فالأولى أن تتم عملية الاستشراف في إطار من التفاؤل، ولا ننسى أن يوسف عليه السلام حين علم بالمستقبل الحتمي الذي ينتظر أهل مصر والدول المجاورة، لم يبث في نفوسهم الخوف والذُّعر، وإنما واجههم بالمستقبل المحتمل بنية صادقة وروح مطمئنة بأن الأزمة ستمر، إن تضافرت الجهود. واعلم أن أغلب المخاوف التي نخشاها لا تتحقق.

- إثبات الأوهام: نحن ننطلق -عادة- في التخطيط بالسيناريو من مواقف فرضية، ونحاول أن نضع لها احتمالية حدوث معقولة، ومن الوارد أن تطرأ أفكار وهمية أثناء عمليات التخطيط المختلفة؛ فمن باب أولى علينا أن نطرد هذه الأفكار بدلًا من أن نحاول إثباتها.

معايير نجاح التخطيط بالسيناريو

لا شك أن لكل منهج عددًا من الركائز يقوم عليها، تقوِّمه وتدعمه، والتخطيط بالسيناريو يُعَدُّ تَطورًا نوعيًا لأنواع التخطيط المختلفة. والالتزام بمعايير واضحة ومحددة يسهم في تجنب الانحرافات الفكرية أثناء إعداد

السيناريو وتصميمه، ويضمن تحقيق درجة المعقولية العلمية، وأخذ الصفة الشرعية بعين الاعتبار قبل الشروع في بناء السيناريو، كما أنه يسعى إلى تحقيق درجة كبيرة من التعاونية والابتكار؛ لتجنب الوقوع في فخ الرتابة الدرامية أو المبالغات، وكل ذلك يعود بأثر إيجابي على مستوى جودة السيناريوهات المستقبلية، ورفع مؤشر نجاحها. ويمكن تلخيص هذه الركائز في النقاط التالية:

- سلامة الأفكار: لا للتكهُّن أو التنجيم: التخطيط بالسيناريو علم يقوم على الافتراض والتحليل المنطقي للأحداث وليس على الجزم، سواء في الوقت الراهن أو المستقبل، ولا مجال فيه للتكهن أو التنجيم؛ لذلك فإن الاستشراف المنهجي المبني على أسس موضوعية في تفسير أحداث المستقبل، لا يتعارض مع تعاليم الدين الإسلامي أبدًا، بل شجعت السنة النبوية المطهَّرة على التخطيط المستقبلي في مواطن كثيرة، شملت جوانب الحياة كافة.
- المنطقية العلمية: «يمكننا القول إن التخطيط بالسيناريو مزيج من العلم والفن» (Notten p. v., 2005, p. 31)؛ فلا ينبغي لنا الاكتفاء بتحقيق المعقولية العلمية في تتبع سير الأحداث ورسم المسارات، وإنما يلزمنا -كذلك- التعمُق في الجوانب الفلسفية والفنية لتحليل الأمور المستقبلية وتصوُّرها؛ من أجل تحديد الفرص والتهديدات المحتمَلة.
- السلاسة والوضوح: رغم عمق خطوات عملية التخطيط بالسيناريو في جمع البيانات والافتراضات المستقبلية وتحليلها، فإنه يجب أن يتميز المخطَّط في شكله النهائي بقدر كافٍ من الوضوح؛ لضمان سهولة الفهم والاستيعاب والوصول إلى الفئة المستهدفة على نحو واضح ودقيق.

- سهولة البناء وتحقيق التماسك الداخلي: التخطيط بالسيناريو ليس علمًا قائمًا بذاته، لكن تربطه علاقة وثيقة بكثير من العلوم، نتجت عن دراسة أغلب المتغيرات والعوامل الأساسية والمحركة لبناء السيناريو؛ فهو يتماشى مع المشكلات والأسئلة المنطقية، مراعيًا كل الأحداث المحتملة والمرتبطة بمختلف المجالات لتحقيق ميزة تنافسية؛ لذا يُراعي المخطِّط بالسيناريو التناسق بين عناصر التخطيط بالسيناريو ومكوناته ومراحله، ويراعي كذلك خلوه من التناقضات؛ فلا يمكن الاعتماد على سيناريو غير متوافق داخليًّا.
- الديناميكية: يتميز التخطيط بالسيناريو بتعامله المباشر مع المتغيرات المحتملة والطارئة (زاهر، 2004، ص 64)، ونلاحظ الآن -بوضوح- وعي الشعوب المتنامي بمفهوم التخطيط بالسيناريو واستخداماته، وبالخطوات الثابتة التي يتقدم بها؛ ليتمكن من التعامل مع هذه المتغيرات.
- الشمولية: يجب أن تُراعى جميع الدوافع والمتغيرات ذات الصلة، سواء كانت داخلية يتحكم فيها أصحاب القرار مباشرة، أو خارجة عن سيطرة صانعي القرار، مثل: التحول الديموغرافي، وتغير المناخ، والنمو الاقتصادي، ومثل ذلك مما يؤثر على نحو متزايد في المستويين: الإقليمي والمحلي.
- الابتكار والإبداع: التخطيط بالسيناريو منهج غير تقليدي، له مساحته الكبيرة من الإبداع والابتكار في تحليل الأحداث الراهنة والتحوُّلات المفاجئة؛ لكشف نقاط التحول في المستقبل وعرض الاحتمالات والبدائل الممكنة. ومن المحتمل أن تكون هذه الأحداث صادمة أو غير متوقَّعة للعقل البشري في وقت وضع السيناريو؛ لذا يلتزم

المخطِّط بالسيناريو بتسلسل أحداثه وتناسُقها؛ بهدف إخراجها في صورة واقعية؛ فالقصص الواقعية تُعد واحدة من أهم خصائص التخطيط بالسيناريو.

- المرحلية: وهي صفة ملازمة للواقعية؛ فالهدف الاستراتيجي يتحقق على عدة مراحل، وكل مرحلة تُعد خطوة نحو تحقيق الهدف أو سببًا في تحقيقه، «والنبي ﷺ، رغم كثرة أعداء المدينة، لم يفتح جبهتين في آن واحد، بل كان ملتزمًا بأهدافه المرحلية» (قاسم ح.، 2011، ص 54).
- المرونة: وهي تعني القدرة على تغيير الاتجاه وعدم التصلُّب أو الاستسلام لفكرة ما، وتؤكد صفة المرونة على مستوى تقويم السيناريو وتعديله، إذا ما اكتشف فريق العمل عدم صحة المعلومات أو عدم واقعيتها بالنظر إلى نوع السيناريو.
- المبادرة: للتخطيط بالسيناريو ومراحل بنائه تأثير كبير في صانعي القرار وأصحاب المصلحة؛ لِما يخلقه بينهم من تفاهم وتشارك وتوافق في الآراء، عن طريق المنصة الحوارية؛ من أجل تحديد الصراعات والأحداث المستقبلية المحتملة (Cash, 2000, pp. 109-120)، وامتلاكُ روح المبادرة يعكس قدرة المخطِّط على رسم خطة استباقية؛ للتوصل إلى سيناريو مرغوب فيه، ويساعده على تطوير الأداء وتجنب الأزمات والكوارث.

والخلاصة أن أهم المؤشرات التي تدل على فاعلية السيناريو تتمثل فيما يأتي، فهو:

- يستند إلى منهج علمي لا مجال فيه للتكهُّن أو الجزم.
- يحقق التكامل والترابط بين مكوناته.

- يضمن الاتساق الداخلي بين عناصره.
- يعتمد على المعقولية العملية في عملية الرسم والتخطيط.
- يراعي الشمولية في التعامل مع المتغيرات والأحداث المحركة.
- يحقق درجة كافية من المرونة والمرحلية في التعامل مع الأحداث.
- يقوم على الإبداع والتميز في التنبؤ بالأحداث المستقبلية.
- يتبنى المشاركة والجماعية في تطبيق خطوات التخطيط.
- يراعي السلامة والوضوح في مرحلة الكتابة.

التأصيل الفقهي للتخطيط بالسيناريو

لماذا نسعى إلى التأصيل الشرعي لمفهوم التخطيط بالسيناريو؟

رغم الانتشار الواسع لمنهجية التخطيط بالسيناريو، فإنها تُعَدُّ واحدة من المنهجيات العلمية المعاصرة. ولعل حداثة هذا المفهوم وعدم إِلْفِهِ يبعثان على الرجوع إلى أصوله وتأصيله تأصيلًا شرعيًّا يستوفي كل جوانبه، ولا نعني بذلك إخضاع ما ورد من أخبار قطعية ويقينية في آيات القرآن الكريم أو السنة النبوية الشريفة للمنهج التجريبي، أو إسقاطَ المصطلحات المعاصرة على مفردات اللغة العربية وتحميلها ما لا تحتمل، أو المزايدة على المنهج النبوي والخلط بين التوجيه الرباني والتخطيط البشري للنبي ﷺ؛ وإنما المبرر للتأصيل الشرعي لمنهج التخطيط بالسيناريو يتمثل في الأسباب التالية:

- تبيان وتأكيد جهود الأولين في إبراز معالم التخطيط بالسيناريو وتحديد مجالات العمل؛ لنوضح أسبقيتهم في تطبيق الممارسات المنهجية لعملية التخطيط للمستقبل قبل مئات السنين.
- محاولة وضع المبادئ الحاكمة لمنهجية التخطيط بالسناريو؛ لتكون بمنزِلة دليل معياري، لمن يريد التطرق إلى موضوع الاستشراف أو التخطيط للمستقبل.
- التأكيد على القواعد الأخلاقية الواجب اتباعها؛ لضبط الممارسات الفعلية لمستخدمي هذه المنهجية.
- تمييز الاستشراف العلمي المشروع من غيره، وتوضيح الفرق بين التخطيط بالسيناريو والتكهُّن أو التنجيم.

- رصد أهم نماذج التخطيط البشري، التي تحقق منها عدد كبير من علماء السيرة.
- تسليط الضوء على تعامل المنهج الإسلامي مع المستقبل، وكيف أوصى بوضع البدائل المستقبلية ووضع السيناريوهات للمستقبل.

لنبدأ... يأتي مفهوما التوقع والاستشراف على رأس المصطلحات التي تتشابه في دلالتها مع التخطيط بالسيناريو، فالاستشراف يعني «فن التفكير في البدائل المستقبلية المحتملة، ومحاولة استكشافها وقراءة عواقبها، ومتابعة تأثيرها في القرار، في مجالات الحياة المختلفة، سواء كانت على المدى البعيد أو القريب، عن طريق التحليل العميق لمعطيات الواقع المعاصر، وفهم سنن التغيير» (البشير، 2011، ص 178)، وكما هو بيِّن، فإن التقارب بين مفهومي التخطيط بالسيناريو والاستشراف واضح؛ فكلاهما يسعى إلى تحليل الوضع الراهن أو المستقبلي، من أجل كشف المسارات المحتملة والمرغوب فيها، وذلك لتحديد الاستراتيجيات والخطط المستقبلية، وتسهيل عملية اتخاذ القرار من أجل تطوير الأداء أو تجنب المخاطر والتهديدات.

التخطيط بالسيناريو في قصة يوسُفَ عليه السلام

أشار القرآن الكريم إلى الكثير من المواقف والمشاهد التي دعت إلى التخطيط للمستقبل، كما أنه أوصى بضرورة التدبُّر في الأمر والتجهيز والاستعداد المسبق للأوضاع المستقبلية، كما ورد في قوله -عز وجل-: ﴿وَأَعِدُّواْ لَهُم مَّا ٱسۡتَطَعۡتُم مِّن قُوَّةٖ وَمِن رِّبَاطِ ٱلۡخَيۡلِ﴾ (سورة الأنفال: 60). ولعل أهم النماذج التي طُبقت فيها الممارسات المنهجية للتخطيط كانت في قصة يوسف عليه السلام، التي كشفت الحجاب عن أسرار الإدارة والتخطيط. فقد استطاع - بتوفيق الله- رسم السيناريو المستقبلي للتعامل مع الأزمة، وإدارة المخاطر المحتملة التي تنتظر شعب مصر في أيام القحط، وتمكن عليه السلام من

وضع الخطة الاستراتيجية لإدارة موارد الدولة، بدءًا من العنصر البشري من المزارعين والتجار والعوام من المجتمع المصري، ومرورًا بتنظيم العلاقات والتعاون بين مؤسسات الدولة، إلى تنظيم العلاقات الإنسانية بين مصرَ والدول المجاورة. كما أنه خطط لحماية الدولة، سواء من السرقة الداخلية للمستودعات ونهبها، أو من الهجوم الخارجي المحتمَل من الدول المجاورة ليضع بذلك الركائز الأساسية لميلاد أنموذج جديد في التخطيط الاقتصادي المبني على الاستشراف المستقبلي، وانقسمت خطته إلى ثلاث مراحل رئيسية (الحليسي، 1994):

- المرحلة الأولى (السبع السمان): ﴿قَالَ تَزْرَعُونَ سَبْعَ سِنِينَ دَأَبًا فَمَا حَصَدتُّمْ فَذَرُوهُ فِي سُنۢبُلِهِۦٓ إِلَّا قَلِيلًا مِّمَّا تَأْكُلُونَ﴾ (سورة يوسف: 47). عبرت عن حالة الجد والاجتهاد والعمل الدؤوب والتخطيط للاستغلال الأمثل لكل الموارد المتاحة، من تخطيط محكم لزيادة الإنتاج الزراعي، وتنظيم مهام إشرافية وأمنية على مستودعات التخزين، مرورًا بتنظيم العلاقات مع التجار لمنع السرقات والاحتكار.
- المرحلة الثانية (السبع العجاف): ﴿ثُمَّ يَأْتِي مِنۢ بَعْدِ ذَٰلِكَ سَبْعٌ شِدَادٌ يَأْكُلْنَ مَا قَدَّمْتُمْ لَهُنَّ إِلَّا قَلِيلًا مِّمَّا تُحْصِنُونَ﴾ (سورة يوسف: 48)، استطاع يوسف عَلَيْهِ السَّلَامُ في هذه المرحلة تطبيق خطته أثناء السنوات العجاف، بعدما تنبأ بحدوث الأزمة الزراعية. تضمنت الخطة حلولًا ابتكارية متمثلة في تحفيز الشعب المصري على مواصلة العمل في ظل ظروف الكساد والركود الاقتصادي الناتج عن الظروف الاستثنائية التي مرت بها مصر، بالإضافة إلى توجيه المصريين إلى هجر البذخ والإسراف وترشيد الاستهلاك، وتوحيد الصف، وحماية حدود الدولة ضد أي اعتداء خارجي.

- المرحلة الثالثة (عام الخير): ﴿ثُمَّ يَأۡتِي مِنۢ بَعۡدِ ذَٰلِكَ عَامٞ فِيهِ يُغَاثُ ٱلنَّاسُ وَفِيهِ يَعۡصِرُونَ﴾ (سورة يوسف: 49)، أدخل يوسف عليه السلام مفهومًا جديدًا للدولة، تمثل في خطة سنوية تسعى إلى تحقيق الأمن والرخاء وتوفير الاستعداد المسبق لأحداث المستقبل، شمل ذلك الميزانية العمومية للدولة، وتحديد الاحتياجات والتطلعات لهذه السنة.

قبل الأزمة

بدأ التكليف الفعلي ليوسف عليه السلام بإدارة الأزمة الاقتصادية على مصر بتأويله رؤيا الملك، كما ورد في قوله -تعالى-: على لسان عزيز مصر: ﴿يُوسُفُ أَيُّهَا ٱلصِّدِّيقُ أَفۡتِنَا فِي سَبۡعِ بَقَرَٰتٖ سِمَانٖ يَأۡكُلُهُنَّ سَبۡعٌ عِجَافٞ وَسَبۡعِ سُنۢبُلَٰتٍ خُضۡرٖ وَأُخَرَ يَابِسَٰتٖ لَّعَلِّيٓ أَرۡجِعُ إِلَى ٱلنَّاسِ لَعَلَّهُمۡ يَعۡلَمُونَ﴾ (سورة يوسف: 46). وضع يوسف عليه السلام التصور المستقبلي لوضع مصر في السنوات الأربع عشرة القادمة، وشرع في تطبيق أولى مراحل التخطيط بالسيناريو، والمتمثلة في الإعداد والتجهيز للخطة، كما يلي:

- توصيف دقيق للمشكلة: بعد أن عجزت حاشية الملك عن تأويل رؤياه، وأصبحت واقعًا محيِّرًا له ولفريقه من أصحاب العلومِ المختلفة الراسخين فيها، استطاع يوسف عليه السلام بما علمه الله من مفاتيح التأويل أن يفسرها تفسيرًا منطقيًّا، بناء على مقدمات وبديهيات في علم التأويل، وصولًا إلى استدلالات ونتائج معقولة؛ ليبدأ معها علم التخطيط في الإدارة وإدارة الأزمات.
- تحليل البيانات والمعلومات: حلَّل عليه السلام رؤيا الملك تحليلًا واضحًا لا غموض فيه؛ من أجل استكشاف الأحداث المستقبلية المحتملة الحدوث، واعتمد في تحليله لأحداث الرؤيا على حصيلته

المعلوماتية القديمة، وما آتاه الله -جل في عُلاه- من شتى العلوم ومدارك الحكمة؛ فقد كانت «البقرة في الأساطير القديمة تدل على النعمة والغنى، وكون البقرات سمانًا دِلالةٌ على كثرة النعم، وكونُها عجافًا دليل على سنوات قحط وفقر (عبد المجيد، 2009).

- تحديد النطاق الجغرافي والبعد الزمني: الخطة المستقبلية تحتاج إلى تعيين بُعد زمني، ثم إلى تجزئة هذا الزمن إلى عدة مراحلَ أساسية؛ فقسم يوسف عليه السلام خطته إلى مرحلتين أساسيتين، لكل مرحلة نموذج إداري وتخطيطي مختلف. أُولاهما مرحلة الرخاء، وثانيتهما مرحلة القحط، واستمرت كل مرحلة منهما سبع سنوات. كما أن النطاق الجغرافي للخطة تمثل في مصر، مكان حدوث الرؤيا، والدول المجاورة؛ وذلك لأجل أخذ التدابير اللازمة للدفاع عن مصرَ وحمايتها من جهة، ولتدعيم المسؤولية الإنسانية تجاه جيرانها من جهة أخرى.
- تعيين فريق العمل: ترأَّس يوسف عليه السلام فريق العمل لإدارة الأزمة المحتملة، وطالب بتحمُّل المسؤولية، كما ورد في قوله تعالى: ﴿اجْعَلْنِي عَلَى خَزَائِنِ الْأَرْضِ إِنِّي حَفِيظٌ عَلِيمٌ﴾ (سورة يوسف: 55)؛ ليتمكن من وضع الاستراتيجيات والسياسات والإجراءات اللازمة لتحقيق رؤيته، ومن اختيار عناصر فريق عمله من الأكْفاء الأُمناء وأهل الثقة، وليُشرف على خطته التي وضعها؛ كي ينهض بالواجب المرهِق الثقيل ذي التبعية الضخمة في أشد أوقات الأزمة، وأشرف بنفسه على المالية وأمور التخزين كافةً لمدة تجاوزت أربعة عشر عامًا.
- رصْد البعد البؤري: حدَّد نبي الله الكريم خُطة التركيز البؤرية، وهي التكاتف والتعاون في إدارة الأزمة؛ ليضمن تفاعل جميع فئات

المجتمع مع هذه القضية المصيرية، ووضع الشواهد لأهم المؤثِّرات في السيناريو المستقبلي، كالبقر سِمانِها وعِجافِها، والسنبلاتِ السبع الخُضر وتلك اليابسات، وعلاقة كل منهما في تغيير مجريات المستقبل.

- اختيار العناصر البشرية: تعتبر الإدارة البشرية هي القلب النابض لتحقيق نهضة أي أمة، وكلما كان مستوى رغبتهم في إحداث التغيير أكبرَ، كان معدَّل النمو والتقدم أكبر، وعلى النقيض فإن أي خلل أو تهاون من أحد العوامل الأساسية أو الأطراف المشاركة قد يعرِّض المؤسسة بالكامل إلى الفشل؛ لذا سعى يوسف عليه السلام من بداية خطته إلى رفع مستوى الفاعلية والتفاعل لدى أفراد المجتمع المصري، وحث الجميع على التكاتف من أجل الخروج من الأزمة الاقتصادية الطاحنة، وظهر ذلك في تعامله المبكر مع أزمات البطالة المحتملة بين صفوف المزارعين والتجار، وذلك على النحو التالي:

- أولًا المزارعون

لم تكن رسالة النبي الكريم عليه السلام إلى فئة المزارعين فقط، وإنما كانت عامة للجميع، كما جاء في قوله تعالى: ﴿قَالَ تَزْرَعُونَ سَبْعَ سِنِينَ دَأَبًا﴾ (سورة يوسف: 47)، دون كسل أو فتور: «والعمل الجاد الدؤوب المستمر يحتاج إلى همة لا تفتر، وهذا قد يجهد الناس» (الشعراوي، 1991، الصفحات 6976-6978)؛ فكان لزامًا أن يضع عليه السلام نقطة تركيز مستقبلية تستهدف كل فئات المجتمع، وتتلخص في العمل الدؤوب لأجل استمرارية الحياة، والخروج من الأزمة، وتحقيق الكفاية الغذائية. وضع عليه السلام الافتراضات المستقبلية لطريقة تعامل أهل مصر مع الأزمة، واختار أنسب البدائل لتشجيعهم وتحفيزهم على استمرارية العمل. ولعلنا نتساءل: ماذا كانت خطة يوسُف عليه السلام للعاملين في مجال الزراعة وقت القحط؟ بعد تفسير الرؤيا،

أدرك الجميع أن النشاط الأساس لشعب مصر سيتوقف؛ وبذلك ستزداد نسبة البطالة نتيجة الكساد والركود الاقتصادي، وهذه هي الحال المتعارَف عليها وقت الأزمات، لكن عندما يكون الاستعداد للأوضاع المستقبلية مبنيًّا على علم وبصيرة، فإن الحلول دائمًا تكون متوفرة: فعَمد النبي عليه السلام إلى جمع البيانات حول الإمكانيات البشرية المتاحة، وسعى إلى توظيف هؤلاء العاملين في مجال الزراعة في وظائف إدارية حسب إمكانياتهم؛ فمنهم من أسهم في تشييد المستودعات وبنائها، ومنهم مَن دخل مجال الإشراف على الأسواق والمستودعات وتوزيع حصة كل فرد.

- ثانيًا: التُّجار

النشاط الزراعي أحد أهم الأنشطة الاقتصادية وقتئذ، والاضطراب فيه سيؤثر مباشرة في كل المتغيرات المرتبطة به؛ لذا استوجب الأمر السَّبق بتنظيم العلاقات بين جميع طبقات المجتمع في مرحلتي الرخاء والقحط؛ والتعريف بعلم التخطيط، وتطورات المستقبل؛ فوَعَّى عليه السلام المجتمع المصري بالكساد المحتمَل في عدة مجالات؛ نتيجة توقف النشاط الزراعي، وبدا ذلك واضحًا في تحديد آليات التبادل التجاري، والاستعانة بفريق لمراقبة الأسواق ومنع التجار من استغلال أو احتكار السوق.

أثناء الأزمة

لم تكن إدارة الأزمة الاقتصادية أمرًا سهلًا؛ فالنشاط الزراعي شريان الحياة لأهل مصر، «وقد قيل إن الطعام في السنة الثانية من القحط ابتيع بالمجوهرات والحُليِّ، ثم بالبيوت والضِّياع في عامه الثالث، وصولًا إلى الرقاب -مقابل الطعام- في عام القحط السابع» (الحليسي، 1994، ص 226). كانت المعادلة صعبة؛ فتحقيق التوازن بين الإنتاجية بأقل موارد ممكنة، وترشيد الاستهلاك

والادخار الجيد لمدة أربعة عشر عامًا، أمر يلزمه استشراف جيد للأحداث المستقبلية، ووضع السيناريوهات التفصيلية التي تعبر عن كل مرحلة؛ لذا نجد يوسف عليه السلام سعى إلى الآتي:

أ. زيادة الإنتاج الزراعي: جاء في قوله -تعالى- على لسان يوسف عليه السلام: ﴿تَزْرَعُونَ سَبْعَ سِنِينَ دَأَبًا﴾ (سورة يوسف: 47). «صارح يوسف عليه السلام قوم مصر بضرورة الاستمرارية في العمل الدؤوب ورفع الإنتاجية» (نوفل، 1989، ص 427)، وأكد على خطورة الوضع المستقبلي، إن لم يتخذوا التدابير ويتكاتفوا جميعا لمواجهة سنين الجدب والاستعداد لها؛ فسنين الجدب لا تعطي، وإنما تأخذ، وتقتضي حرصًا واحتياطًا؛ لذا فإن تحقيق فائض إنتاجي كبير وتخزينَه لأطول فترة ممكنة، يجنب مصرَ خطرَ المجاعات؛ ولتحقيق ذلك عمد إلى:

- تحفيز المزارعين وجميع طبقات الشعب المصري لمواصلة العمل دون كلل أو ملل.
- الإشراف على الأسواق ومستودعات توزيع الحبوب.
- استخدام أحدث الوسائل الزراعية.
- الاستعانة بالعمالة الماهرة في الزراعة، والإشراف، والحراسة.
- المراقبة المستمرة لمنسوب نهر النيل.
- تجهيز رُقع متفرقة من الأراضي؛ لتكون صوامعَ ومستودعاتٍ لتوزيع الحبوب وتخزينها.
- التحليل الإحصائي لحساب الاستهلاك السنوي وتقدير الفائض.

ب. إدارة المخزون: تحقيق فائض يساعد على توليد الإنتاج مرة أخرى كان من أهم أهداف خطة يوسف عليه السلام للخروج من الأزمة

(قرموط، 2009، ص 95)، والموازنة بين الإنتاج والاستهلاك يستلزم متابعة دقيقة، وابتكار طريقة جديدة لتخزين القمح بطريقة آمنة تضمن عدم تعرُّضه للسوس والمؤثرات وحفظ الأطعمة والحبوب لأطول فترة داخل صوامعَ مغلقة، وحمايتها من الآفات. ﴿فَمَا حَصَدتُّمْ فَذَرُوهُ فِي سُنۢبُلِهِۦٓ﴾ (سورة يوسف: 47)، بالإضافة إلى تطبيق قاعدة الوارد أولًا يُصرَف أولًا؛ أي: ما يُنتَج أولًا يُستهلك أولًا حسب الكميات المطلوبة.

الخلاصة...

حرك يوسف عليه السلام في المجتمع المصري كل دوافع العمل الممكنة، وحثهم على بذل الجهد، ودعاهم إلى تسخير كل الطاقات الكامنة لتحقيق الأهداف المرحلية المطلوبة، ولم ينسَ أن يرشدهم إلى نهاية الطريق المحتمل، كما جاء في كتاب الله العزيز: ﴿ثُمَّ يَأْتِي مِنۢ بَعْدِ ذَٰلِكَ عَامٌ فِيهِ يُغَاثُ ٱلنَّاسُ وَفِيهِ يَعْصِرُونَ﴾ (سورة يوسف: 49)، ولعل ذلك يشير إلى أهمية وجود التفاؤل والإيجابية في كل خطة؛ فالجميع يريد أن يعرف نتيجة عمله وصبره. ومن يتأملْ كل هذه المراحل والخطوات التي مرت بها خطة سيدنا يوسف لانتشال مصرَ من الأزمة المحتملة، وتحقيق الأمن خلال فترة القحط، يجدْ أنها تُعبر بوضوح عن منهجية التخطيط بالسيناريو؛ إذ بدأ عليه السلام بتوصيف المشكلة توصيفًا واضحًا ودقيقًا، وتحديد التهديدات الداخلية والعوامل الحرجة وتوقيفها؛ كي لا تؤثر في المخرجات المحتملة، ثُم وضع الافتراضات المستقبلية لطريقة تعامل أهل مصرَ مع الأزمة، واختيارِ أنسب البدائل لتشجيعهم وتحفيزهم على العمل الدؤوب، والترشيد المستمر للاستهلاك من أجل الخروج من الأزمة، لينتقل بعد ذلك عليه السلام إلى الخطوة الأهم، وهي اتخاذ القرارات المناسبة، وتحديد الاستراتيجيات المستقبلية التي تساعده على الوصول إلى الهدف المطلوب؛ فطلب عليه السلام أن يُكلَّف بترأُّس منصب أمين خزائن الملك، في ظل أزمة قادمة

لا محالة، فقَالَ: ﴿ٱجۡعَلۡنِي عَلَىٰ خَزَآئِنِ ٱلۡأَرۡضِۖ إِنِّي حَفِيظٌ عَلِيمٞ﴾ (سورة يوسف: 55)؛ ليستطيع عليه السلام وضع السياساتِ والإجراءاتِ اللازمةَ لتحقيق رؤيته، وليختار عناصر فريق عمله من الأمناء وأهل الثقة، ويشرف على خطته التي وضعها؛ كي يقوم بالواجب المرهق الثقيل ذي التبعية الضخمة، في أشد أوقات الأزمة (قطب، 1991، ص 318).

المنهج النبوي والتخطيط بالسيناريو

هل حاربت السنة النبوية استكشاف المستقبل؟

أكدت السنة النبوية، المصدر الثاني للتشريع، على أهمية استشراف المستقبل والتخطيط الجيد له، وشددت على دوره في صنع القرارات الاستراتيجية، وتحقيق التنمية في جميع مجالات الحياة المختلفة. ومن يقرأْ منهجية النبي محمد ﷺ في إدارة الدولة الإسلامية يجدْها تعتمد على التخطيط المستقبلي لأبسط التفاصيل؛ فلم يترك ﷺ شيئًا للصدفة، وإنما وضع سيناريو مستقبليًّا لكل تفصيلة، بِناء على تحليل الحاضر، والتنبؤ بأحداث المستقبل، وقراءة عواقب هذه الأمور على الدولة الإسلامية في المدى القريب أو البعيد؛ وذلك بهدف اتخاذ القرارات المناسبة، ووضع الخطط الاستراتيجية المناسبة، وتحديد السياسات والإجراءات لكل مرحلة، وكذلك وضع الاحتمالات والبدائل للأحداث المحتملة كافة. وعلى الرغم من دعم المنهج النبوي للفَراسة المبنية على الخِبْرات العلمية، والتوقع الحكيم المبني على إدراك سنن الله في خلقه، فإنه حارب كل أشكال التكهن والتنجيم، ويؤكد هذا ابن حزم -رحمه الله- في كتابه «الفصل في المِلَل والأهواء والنِّحَل»: «وأما الكهانة فقد بطلت بمجيء النبي ﷺ فكان هذا من أعلامه وآياته».

تخطيط النبي الكريم ﷺ له عظيم الأثر في نهضة الدولة الإسلامية، ولعلنا نحاول أن نرصد بعض الممارسات البشرية من سيرته ﷺ التي طبق فيها منهجية التخطيط بالسيناريو في إدارته للدولة الإسلامية.

سيناريو نشر الدعوة الإسلامية

بداية الدعوة: كيف أقنع النبي ﷺ القبائل العربية بالدخول في الإسلام؟

كانت الأهداف المستقبلية لنشر الدعوة الإسلامية، بعد تلقِّيه ﷺ التكليف بالرسالة، متمثلة في تأسيس قواعد الدولة الإسلامية، ودعم قُدْراتها الاقتصادية والعسكرية والسياسية، وتأمينها ضد أعدائها، وتمكين المسلمين في أنحاء العالم كافة من تحقيق عالَمية الدعوة. «وقد كانت مكة نقطة انطلاق الدعوة الشريفة، وكانت قريش مبتدأَها وأول المبلِّغين بها» (قاسم، 2011، ص 49). وكان لقبيلة قريش مكانة دينية عظيمة بين العرب؛ بسيادتها على مكةَ التي كانت تمثِّل -آنذاك- ما بقي ماديًّا وحيًّا من آثار ديانة النبي إبراهيم عليه السلام، بما كان يُقام فيها من شعائر الحج إلى بيت الله الحرام، وكانت أقوى القبائل العربية وأشرفها، بشرف التاريخ والمكان. جمَع النبي الكريم ﷺ المعلومات التي قد تساعده على وضع خطته البشرية لنشر الدعوة الإسلامية، ثم حدد ﷺ السؤال البؤري، الذي تمركز في كيفية إقناع القبائل العربية بالدخول في الإسلام، وطرق التعامل مع أسباب رفضهم المحتملة للإسلام، وتحليل عناصر البيئة الداخلية والعوامل الحرجة؛ من أجل اختيار الفئة المستهدفة، التي تساعده على تحقيق قاعدة متينة لدعوته وأخيرًا رسم النبي - ﷺ المسارات المستقبلية لخطته في نشر الدعوة الإسلامية وتحقيق عالمية الرسالة، والتي تمثلت في النقاط التالية:

- **قريش نقطة البداية**

بدأت دعوة النبي الكريم ﷺ سرًّا داخل أسوار مكة منذ بداية البعثة، واعتمد فيها على مكانته الشريفة داخل مكة؛ إذ كانت كنيته (الصادق الأمين)، وبلاغة القرآن الكريم المعجزة الحية الناطقة بصدق نبوة محمد ﷺ، وقد أُرسل به إلى قوم هم أهل اللسان وأربابه، يميزون غثه من سمينه؛ فما كان

للقرآن إلا أن يسلب ألبابهم بآياته، وتطير أفئدتهم بوعده ووعيده، لكنهم أعرضوا ﴿وَجَحَدُواْ بِهَا وَٱسْتَيْقَنَتْهَآ أَنفُسُهُمْ ظُلْمًا وَعُلُوًّاۚ فَٱنظُرْ كَيْفَ كَانَ عَٰقِبَةُ ٱلْمُفْسِدِينَ﴾ (سورة النمل: 14)، كما كانت المبادئ الإسلامية التي توافق الفطرة السليمة سببًا في استجابة الخَلق لهذا الدين العظيم، علاوة على النظرة الإسلامية إلى نجاة الإنسان وفلاحه. إلى جانب أخلاقيات العرب وتقاليدهم التي تمنع تسليم أحد أبنائها، وذلك لحماية المسلمين في مرحلة بزوغ الإسلام.

○ **دعوة الوفود العربية**

كان للنبي ﷺ مخطط عام واضح بشأن انتشار الإسلام، وتمثلت أهدافه الاستراتيجية في محاولة نشر الإسلام خارج أسوار مكة، عن طريق دعوة وفود القبائل العربية القادمة إلى الحج (رمضان، 2018)؛ فعَرَض الإسلام عليهم، وعرفهم بتعاليم الدين الإسلامي ورسالته الربانية والمكاسب التي سيحصلونها حال إسلامهم. وتمثلت خطته ﷺ في استهداف شيوخ القبائل؛ لمعرفته بتأثيرهم على قرار إسلام القبيلة، وأكد عليهم أنْ لا خسائر في إسلامهم، ولم يكن هذا الاستهداف من قبيل الصدفة، وإنما كان وفق أهداف استراتيجية موضوعة بدقة كبيرة، ولعل رفضه العروض التي لا تتناسب والدعوة آنذاك أكبر دليل على ذلك.

ومن ناحية أخرى، فقد كان هناك سيناريو مستقبلي للتعامل مع مقاومة بعض القبائل العربية للدعوة الإسلامية في بدايتها؛ فسعى النبي الكريم إلى إخماد دافعية المقاومة، واتبع جميع التدابير الاحترازية لمواجهة الخطر المحتمَل؛ عن طريق رصد أهم التحديات المحتملة التي قد تؤثر في نشر الدعوة الإسلامية، وأعد خطة مستقبلية للتعامل معها؛ ليس فقط من أجل تجنُّب ضررها، وإنما لاستغلالها أفضل استغلال وتحقيق الاستفادة القصوى منها.

فاستخدم كل الوسائل المشروعة للحد من آثار كراهية اليهود للإسلام، وتثبيط محاولاتهم المستميتة للقضاء على الدعوة؛ فكان يعقد معهم المعاهدات مرة، ويستخدم التهديد مرة، ويخرجهم من المدينة أُخرى، كما أنه وضع التدابير اللازمة للتعامل مع الصراع الطويل القديم بين قبيلتي الأوس والخزرج، ومع التشويش المستمر حول الدعوة، والنفاق -القليل أصحابُه، الخطير أثرُه- الذي كان خنجرًا خبيثًا يقصِد ظهورَ المسلمين في تلك المرحلة العصيبة الفارقة.

○ **سيناريو الهجرة من مكة إلى المدينة**

قرار الهجرة لم يكن وليد اللحظة، أو استجابة للضغوط والظروف القاسية التي عاشها المسلمون وحسب، وإنما كان جزءًا من خطة مستقبلية بعيدة المدى، اعتمد فيها النبي الكريم ﷺ على قراءة دقيقة للبيئة الداخلية والخارجية، وتحديد الإمكانيات والفرص؛ ثم تحديد سيناريوهات المستقبل التي تُسهِم في تحقيق الرؤية النبوية في بناء الدولة الإسلامية. ومن يلاحظ حادثة الهجرة إلى المدينة يجدْها تنقسم إلى ثلاث مراحل: ما قبل الهجرة، وأثناء الهجرة، وما بعد الهجرة، وهي مرحلة تأسيس الدولة الإسلامية.

● **أولًا: ما قبل الهجرة**

أرسل النبي ﷺ مُصعب بن عمير رَضِيَ اللَّهُ عَنْهُ أول سفير في الإسلام، مع اثني عشر رجلًا من أهل الخزرج، بعد بيعة العقبة الأولى؛ أي قبل الهجرة بعامين؛ بهدف تجهيز المدينة -يثرب آنذاك- ليوم الهجرة العظيم، ثم أمره ﷺ بدعوة أهل المدينة إلى الإسلام وتعليمهم أمور دينهم؛ لتكون المدينة جاهزة لاستقبال المسلمين وتأسيس الدولة الإسلامية. وبعد أن نجح مصعب رَضِيَ اللَّهُ عَنْهُ في تحقيق هدف الرسول ﷺ بتهيئة المدينة لأن تكون عاصمة الدولة الإسلامية، اتفق مع

بضعة وسبعين رجلًا وامرأتين من الأنصار، على المسير إلى لقاء النبي ﷺ لمعرفة الخطوة التالية. ونجد أن الرسول الكريم لم يكتفِ بالتخطيط لهذا اللقاء من حيث الوقت والمكان المناسبيْن وحسب، وإنما حدد بنود المعاهدة كذلك؛ ليكون اللقاء ناجحًا بإذن الله؛ «فاتفق ﷺ معهم على انتخاب اثني عشر نقيبًا منهم؛ لضمان تنفيذ هذه البنود في قومهم، وتحقيق الأهداف المرحلية المدروسة (الجزري، 1987، الصفحات 613-612).

ولعل أهم الشواهد الواضحة على قدرة النبي ﷺ على التخطيط للمستقبل، وفراسته في تحديد المسارات المستقبلية بعناية فائقة كان تدريبه للمسلمين على ترك الأهل والممتلكات والوطن من أجل الله ورسوله؛ استعدادًا ليوم الهجرة العظيم، «إذ أمرهم برحلة الهجرة الأولى إلى الحبشة، في السنة الخامسة من البعثة؛ أي قبل الهجرة إلى المدينة بثماني سنوات، بعد أن اشتد عليهم العذاب من قريش» (باسعد، 2011، ص 894)، ومن الملاحظ أن قرار هجرة المسلمين إلى الحبشة لم يكن من أجل حماية المسلمين من عذاب قريش وحسب، وإنما كان تخطيطًا لتوسيع الدولة الإسلامية، وزعزعة مكانة قريش والتشهير بها وبظلمها، وعرض الإسلام على النجاشي -ملك الحبشة- الذي اشتُهر آنذاك بالعدل واستقلال قراره، رغم تحالفه مع الروم، وقد منَّ الله عليه بأن شرح صدره للإسلام؛ فكان رَحِمَهُ ٱللَّهُ حماية للمسلمين في أرضه، وسببًا رفعَ الله به عن ضعفائهم بطش قريش. ويكتمل المشهد -قبل الهجرة- بتخطيط النبي ﷺ وتكليفه لمن ينام في فراشه، ويتولى مهمة رد الأمانات إلى أهلها بعد هجرته؛ شرفًا منه ﷺ ورِفعة خُلق، ووفاء بالحقوق، وحسن أداء للأمانات ولو مع ظالم مُعادٍ.

- **ثانيًا: أثناء رحلة الهجرة**

أ. التخطيط لاختيار رفيق الهجرة

توالت أفواج المهاجرين من مكة إلى المدينة، بعد أن جهزهم النبي ﷺ، وكلما هم أبو بكر رضي الله عنه بالخروج مهاجرًا، قال له النبي ﷺ «لا تعجل؛ لعل الله أن يجعل لك صاحبًا» (الطبراني (22/ 177، ح 462). اختار النبي ﷺ أبا بكر رفيقًا ومعينًا له في رحلته من مكة للمدينة؛ تأكيدًا على أهمية اختيار العناصر المشاركة؛ لضمان نجاح الخطة. وقد بيَّنت ذلك مواقف أبي بكر الصديق مع رسول الله، خلال هجرتهم من مكة إلى المدينة.

ب. اختيار الطريق المناسب

كان ﷺ يعلم أن كل توقعات قريش ستكون حول الطريق المألوف والآمن؛ لأنه الأقصر والأسهل؛ لذا نجده قد خالف كل توقعاتهم لطريق هجرته إلى المدينة، وسلك الطريق الأصعب الذي قلَّ أن يسلكه أحد، ومكث في الغار مع الصدِّيق أبي بكر ثلاث ليال متتالية؛ لصعوبة السير في صحراء مكشوفة لفترة طويلة، وليبعد أنظار قريش عنهما.

ج. لا أحد ينجح وحده (أهمية العناصر المشاركة)

جودة الخطة وحدها لا تكفي لتحقيقها، دون عناية بالغة في اختيار عناصرَ فعالة تُسهِم في تنفيذها؛ لذا فقد أسند النبي ﷺ كل مهمة إلى الشخص المناسب، بحسب طبيعة المهمة ومدى ملاءمتها له، بعد أن وضَّح لهم دور كل شخص؛ لضمان نجاح الخطة، والوصول إلى مستوى الأداء المطلوب، ويظهر ذلك في الآتي:

- دليل الطريق: خطة النبي ﷺ للهجرة كانت سِرِّية، والطريق الذي سلكه جديد وصعب ولم يسلكه أحد من قبل؛ فكانت الاستعانة بمرشد

وخبير يصف لهم الطريق أمرًا واجبًا، وقد اهتم رسول الله بالمواصفات المطلوبة في الخبير؛ فاختار عبد الله بن أريقط، وكان على دين قومه وقتها؛ وذلك لبراعته في الطرق وأمانته، وكتمانه الأسرار.

- رصد الأخبار: كلَّف سيدنا محمد ﷺ عبدَ الله بن أبي بكر رضي الله عنهما الذي عُرف بأنه شاب لَقِن ثَقِف، بالتواجد وسط قريش نهارًا؛ ليستطلع الأخبار ويرصدها فيبلغها لرسول الله في غار ثور خلال فترة مكوثه؛ ليعرف ﷺ منها طرق تفكير قريش؛ فيقوِّم خطته ويضع التعديلات اللازمة عليها.
- توفير الغذاء: لم تكن مهمة توصيل المأكل والمشرب إلى غار، على جبل شامخ، في ظل ظروف الهجرة، مهمة سهلة على الإطلاق؛ إذ كانت قريش تتبع آثار كل من يذهب إلى الصحراء في ذلك الوقت، وعرضت مكافأة ضخمة لمن يدلي بمعلومات عن مكان محمد ﷺ، لذا تكفلت السيدة أسماء بنت أبي بكر رضي الله عنهما بالحضور مع أخيها عبد الله ليلًا؛ لتوفير ما تيسر من الطعام، وكان عامر بن فهيرة -مولى أبي بكر- يرعى عليهما مِنحة من غنم حين تذهب ساعة العشاء؛ فيوفر اللبن لهما من جهة، ويُخفي آثار كل من أسماء وأخيها من جهة أخرى؛ ليصعب على قريش تتبع آثارهما.
- فريق التمويه: تطلبت خطة النبي ﷺ أن يكون هناك جانب من التمويه؛ حتى لا يثير الشكوك حول خروجه مع صاحبه، وكان ذلك واضحًا في توقيت زيارته لرفيق الهجرة أبي بكر، في وقت الظهيرة – وهو وقت لم يعتَد أن يزوره فيه-، وخروجه من باب خلفي صغير في دار أبي بكر الصديق، بالإضافة إلى تكليف علي بن أبي طالب رضي الله عنه بالنوم في فراشه ليلة الهجرة، وتكليف عامر بن فهيرة بمهمة إخفاء

آثارهم وآثار عبد الله بن أبي بكر، الذي كان يرصد لهم الأخبار، وأسماء بنت أبي بكر، التي كانت تحضر لهم الطعام، رضي الله عنهم، كما ورد في رواية ابن إسحاق بلفظ: «كان عامر يرعى في رعيان أَهل مكة، فإِذا أَمسى أَراح عليهما غَنَم أبي بكر فاحتلباها، وإِذا غَدَا عبد الله بن أبي بكر من عندهما اتبع عامر بن فهيرة أَثره بالغنم حتى يُعَفِّي عليه» (الجزري، 2012، ص 619).

- تجهيز الدابة: المسافة بين مكة والمدينة طويلة جدًّا، ولم يكن في وسع النبي ﷺ وأبي بكر رضي الله عنه أن يختبئا في الغار مع الراحلتين؛ ولذا اتفقا مع عبد الله بن أريقط على أن يأتيهما بالراحلتين اللتين جهزهما سيدنا أبو بكر الصديق، بطلب من رسول الله قبل الهجرة بأربعة أشهر، عند غار ثور، وهو مكان الاختباء الذي حدده الرسول الكريم ﷺ.

● ثالثًا: مرحلة ما بعد الهجرة: سيناريو بناء الدولة الإسلامية

هذه الحقبة من الزمن تُعد من أهم الأمثلة على تطبيق منهجية استشراف المستقبل والتخطيط المحكم لكل أحداثه؛ فإلى جانب إرساء قواعد الدولة الإسلامية، وتوسيع حدودها، ونشر الإسلام في الدول المجاورة، وترسيخ النظام السياسي والاقتصادي، اهتم النبي ﷺ بإعداد قادة مسلمين مؤهلين، يحملون لواء الإسلام من بعده، قادرين على استشراف مستقبل الدولة الإسلامية، وكشف الحاجات الحقيقية للمسلمين في الحاضر والمستقبل. ولعل أهم الدلالات والشواهد على ذلك كانت في أعمال الصحابة من بعده؛ فقد أمر أبو بكر الصديق رضي الله عنه بجمع القرآن الكريم؛ خوفًا عليه من الضياع، وهذا عمر بن الخطاب رضي الله عنه، هو أول من أَسس نظام القضاء وبيت مال المسلمين، إضافة إلى إنشاء نظام الدواوين، وتخطيط المدن وتمصير الأمصار؛ وكذلك عمر بن عبد العزيز الذي دُوِّنت السنة النبوية المطهرة في عهده.

ولعل في اهتمام النبي ﷺ بتأهيل أصحابه للقيادة، وتنمية روح المبادرة لديهم، رسالة استشراف للمستقبل، تصلح للماضي والحاضر والمستقبل، وتحمل في طياتها وصية لن تتغير بمرور الزمن: من أراد التنمية الحقيقية فعليه بتنمية مهارات البشر، ونحن الآن نرى أن الدول التي تقدمت وبرزت هي الدول التي استثمرت في التنمية البشرية؛ تأسِّيًا بالنموذج النبوي في القيادة، وقد شملت الخطة المستقبلية للنبي الكريم ﷺ لأجل تأسيس قواعد الدولة الإسلامية عدة سيناريوهات استراتيجية، نلخصها في الآتي:

- السيناريو السياسي: التمكين يأتي من الداخل

أولى النبي ﷺ المسار السياسي للدولة الإسلامية اهتمامًا كبيرًا؛ فسعى إلى اتخاذ كل التدابير المستقبلية التي تساعد على استقرار الوضع الداخلي للدولة؛ فما كان ليستطيع تحقيق تنمية الدولة وتطويرها، دون نظام سياسي مستقر، يحدِّد هُوِيَّة الدولة وحدودها، ويبين حقوق كل مواطن وواجباته؛ وتجلى ذلك في الإجراءات التي اتخذها، ومنها:

أ. إعادة تسمية الدولة الإسلامية، وتعريف هُويتها وحدودها، وتعيين الواجبات والحقوق لكل إنسان يعيش على أرض الدولة الإسلامية، مسلمًا كان أو غير ذلك؛ فغيَّر اسم منطقة يثرب (الاسم القديم للمدينة) إلى المدينة؛ لإضفاء صفة المدينة الحضارية على عاصمة الدولة الإسلامية.

ب. أمر ببناء مسجد قباء وسط المدينة؛ لا ليكون دارًا للعبادة وتلقي العلوم الشرعية وحسب، وإنما ليكون أول مركز للقيادة، ومقر اجتماع المسلمين وإدارة الدولة واستقبال الوفود والسفراء.

ج. رسم ﷺ حدود الدولة الإسلامية من جهاتها الأربع، كما جاء في رواية البخاري بلفظ: «المدينة حرم، ما بين عَيْر إلى ثَوْر» (البخاري، حديث 1770).

د. أصدر الوثيقة وسماها الكتاب، فكانت أول دستور إسلامي مكتوب؛ لبيان أسس تنظيم الدولة، وتحديد واجبات كل أفراد المجتمع وحقوقهم.

- السيناريو الاقتصادي: كيف سيأتي الغد على المهاجرين؟

سعى النبي ﷺ إلى تحسين أوضاع أصحابه من المهاجرين، بعد أن تركوا كل ممتلكاتهم خلف ظهورهم، وهاجروا إلى الله ورسوله؛ فجعل تحقيق المواءَمة والمؤاخاة بين المهاجرين والأنصار على رأس الأولويات التي خطط لتحقيقها؛ فقد ساعدت إدارة المهاجرين لبساتين الأنصار ومزارِعهم على توفير فرص عمل ومصدر دخل للمهاجرين؛ لضمان اعتماد المسلمين على أنفسهم وعدم الاعتماد على الآخرين؛ فجعل ترتيب البساتين والعناية بها مقابل مشاركتهم في الثمار (السامرائي، 2002، ص 164)، كما أن النبي ﷺ لم ينسَ تسكين المهاجرين ومواساتهم معنويًا، بعد أن تركوا ديارهم، كما جاء في رواية أبي هريرةَ بلفظ: «قال له رسول الله ﷺ: «الحقْ بأهل الصُفَّة فادعهم، وهم أضياف الإسلام لا يأوون على أهل ولا مال» (الترمذي، حديث. 2477).

- السيناريو الإداري: التوجُّهات الاستراتيجية لإدارة الدولة

وضع ﷺ التصوُّر المستقبلي لوضع الأمة الإسلامية؛ فخطَّط لإرساء قواعد الدولة المدنية وانتشالها من نظامها القَبَلي، بإنشاء دستور يحدد واجبات كل سكان المدينة وحقوقهم، ويجعل مرجعية الحكم والإدارة لله ورسوله، ويظهر ذلك في حديثه ﷺ: «وأنكم مهما اختلفتم فيه من شيء فمَرَدُّه إلى الله وإلى محمد» (ابن هشام، 3/ 34). وقد تجنب بذلك ﷺ أزمة محتملة بين المسلمين وباقي سكان المدينة الذين لم يدخلوا الإسلام، ورفع شعار التعايش السلمي بين جميع السكان. وتؤكد كل هذه الشواهد على أن النبي ﷺ لم يترك شيئًا للصدفة، أو دون تخطيط مسبق، وإنما عمد

إلى استشراف مستقبلي مبني على التوقع المنهجي لكل أحداث المستقبل، ووضع السيناريو المستقبلي المحتمل لهذه الأوضاع، واستفاد منه في تعيين البدائل المتاحة والممكنة، التي تساعده على تحديد السياسات والإجراءات المناسبة في عملية اتخاذ القرارات؛ بهدف تحقيق أهدافه المرحلية.

المبادئ الحاكمة للتخطيط بالسيناريو

التخطيط بالسيناريو أحد أهم العلوم التي تعتمد بشكل كبير على الاحترافية في جمع المعلومات من مصادرها المختلفة، وتحليلها تحليلًا إبداعيًّا يكشف الإشارات الضعيفة قبل بروزها وتحوُّلها إلى اتجاه عام؛ مما يضمن سهولة سرد قصة واقعية عن أحداث المستقبل، نستطيع عن طريقها تقليل فجوة اللاتأكُّد وعدم اليقين، وتحديد الاستراتيجيات المناسبة لكل مرحلة تخطيطية، وبناء الأفكار المختلفة حول المستقبل، وطرق التعامل مع أحداثه والتهيئة لمواجهتها؛ ولتحقيق ذلك فلا غنى عن الالتزام بالمبادئ الخمسة المنظِّمة لعملية التخطيط بالسيناريو، المتمثلة في التالي:

○ **المبدأ الأول: أدوات المخطِّط قبل أي شيء**

تتطلب مهمة وضع سيناريو مستقبلي أو تحديد البدائل المستقبلية عدة أداوت يستخدمها المخطِّط باحترافية شديدة، وتمكنه من جمع المعلومات بشتى الطرق والوسائل الممكنة، ومن كشف الإشارات الضعيفة، وتحليل الاتجاهات العامة والعواقب، باستخدام المعالجات الإحصائية المختلفة؛ لرسم تصوُّر واضح عن المستقبل. وعمليات جمع المعلومات والتحليل والتفسير مترابطة، وأي خلل أو قصور في إحدى العمليات سيؤثر حتمًا على المخرَجات، وعلى تصوُّر المستقبل المحتمل. وقد صُنِّفت الأدوات المستخدمة -بحسب مراحل التخطيط بالسيناريو- إلى ثلاث مجموعات:

- المجموعة الأولى: جمع المعلومات، المعلومات الصحيحة وقود عملية التخطيط بالسيناريو (Thomas , 2012)، ويمكن الحصول عليها بطرق

كثيرة لا حصر لها، حسب غرض كل سيناريو وهدفه ومدى تعقيده. ولم تعد فكرة الحصول على معلومات دقيقة ومعتمدة من الجهات الرسمية أمرًا صعبًا الآن؛ فجميع المؤسسات والمنظمات الدولية أصبحت تنشر تقارير الأداء وخططها الاستراتيجية باستمرار. ولعل من أهم الطرق التي نستطيع عن طريقها جمع المعلومات، ما يأتي:

1. استقراء الأدبيات: ويكون ذلك بالاطِّلاع على الأدبيات المرتبطة بمجال البحث، في الدوريات والمجلات المتخصصة، والكتب والرسائل العلمية، والمقالات الأكاديمية، وقد يكون ذلك باستخدام الكلمات المفتاحية والمواضيع ذات الصلة.

2. متابعة وسائل الإعلام: وسائل الإعلام من الأدوات الفعالة والمُلهِمة في معرفة القضايا المعاصرة، وتحديد الاتجاهات العامة والعوامل والدوافع المحركة؛ إذ تناقش وسائلُ الإعلام -عادة- اتجاهات الدولة، وقرارات أصحاب المصلحة.

3. تفعيل الملاحظة: تساعد الملاحظة على ربط الأحداث والمتغيرات ببعضها؛ وترقُّب مراحل تطوير ظاهرة محددة؛ لتمكين المخطِّط من التأمل والتحليل الدقيق للبيانات المقدَّمة؛ مما يعزز عملية استشراف المستقبل.

4. كشف الإشارات الضعيفة: لا يمكن عَدُّ استقصاء الإشارات والترددات الضعيفة غاية في حد ذاته، رغم أنه أحد أهم أسباب وجود التخطيط بالسيناريو، ولكنه وسيلة لا غنى عنها لجمع المعلومات المستقبلية عن الاتجاه العام المحتمل؛ فتقلل بذلك المناطق العمياء، وتزيد من نسبة التأكد من المستقبل المتوقَّع.

5. المقابلات: تقوم فكرة المقابلات على عمل اللقاءات والاجتماعات المختلفة مع ممثل عن الحكومة، يعبر عن تطلعات الدولة وتحدياتها، وأخرى مع أصحاب المصلحة والمستفيدين وبعض المديرين ورؤساء الأقسام؛ للحصول على رؤيا مختلفة بشأن المستقبل.
6. الاستبانات الموجَّهة: تُعد الاستبانات المكمِّل والبديل الثاني لعملية المقابلات؛ فعن طريق عملية الاستقراء والمقابلات مع المتخصصين وأصحاب المصلحة، نستطيع إعداد استبانة محددة، تجيب عنها شريحة كبيرة من المرتبطين بالمؤسسة؛ لتجميع أكبر قدر من المعلومات بأقل وقت وجهد.

كيف تصنَّف هذه المعلومات؟

بعد تجميع المعلومات، تبدأ المهمة الأصعب في عملية تصنيف المعلومات؛ لتحقيق الاستفادة القصوى منها خلال المدى الزمني المقرر لها. ويمكن تصنيفها بعدة طرق، أهمها إعداد الخرائط الذهنية للمتغيرات الداخلية والخارجية، وتعيين التشعُّبات والتفرُّعات لكل متغير؛ لبيان العلاقة بينها، وأيضًا يمكن استخدام قصاصات الأوراق؛ لتسجيل الاتجاهات المتماثلة وتجميع المعلومات المتشابهة، التي تكون في دائرة واحدة.

- المجموعة الثانية: تحليل المعلومات وتفسيرها

التحليل الدقيق والإبداعي للمعلومات المقدَّمة يجعل من عملية التخطيط بالسيناريو شيئًا ممتعًا؛ فهناك ثلاثة أشياء أساسية يسعى المخطط -مُستعينًا بالمحللين- إلى رصدها: الاتجاه العام، والمضمون، وتتبع العواقب. ويمكن استخدام المعالجات الإحصائية أو المصفوفات أو التقنيات الرقمية المختلفة؛ للوصول إلى تحليل دقيق.

- المجموعة الثالثة: وضع التصوُّرات

بناء على ما قُدِّم من تحليلات شاملة ووافية للمعلومات والاتجاهات المرصودة، يكون المُخطِّط قد قطع شوطًا كبيرًا في تقليل المنطقة العمياء في المستقبل، ونسج عددًا من الاحتمالات والبدائل الواضحة عن المستقبل، وفقًا لمنهج علمي، اعتمدنا فيه على المقدمات للوصول إلى نتائجَ محتملة الحدوث.

◦ **المبدأ الثاني: لا تنسَ المستقبل أبدًا**

عندما تحاول وضع سيناريو مستقبلي، فإن هناك بعض العوامل التي يجب أن تضعها في الحسبان؛ حتى لا تحيد عن الهدف الأساسي الذي تسعى إلى تحقيقه. فهناك مدى زمني لإنجاز السيناريو، في ظل وتيرة تغيرات حالية أسرع منها في أي وقت مضى، بالإضافة إلى تدفق كم كبير من المعلومات والبيانات المتعلقة بالمتغيرات، سواء كانت داخلية أو خارجية، إلى جانب التشعُّب الكبير لكل تفصيلة صغيرة، وتداخُل بعضها مع بعض، إلى درجة قد تشغل المخطِّط بالسيناريو عن التفكير في المستقبل، وتدفعُه إلى الانخراط في فك رموز الحاضر.

يستطيع الجميع أن يمتلك مهارة التفكير في المستقبل، لكن قلما نجد من يستطيع أن ينسج عددًا من السيناريوهات المستقبلية بشأن حدث ما، أو يجيب عن تساؤل (ماذا لو؟) أو (ما الذي سيحدث لو تطوَّر موقف فرضي في المستقبل؟). وعلى الرغم من ذلك، فإن عملية التفكير في المستقبل يمكن تطويرها ببعض الممارسات والتدريبات؛ فدائمًا وأبدًا المقدمات تتبعها سلوكيات نَصِل عن طريقها إلى نتائج محددة، وكما نعرف فإن الماضي والحاضر والمستقبل سلاسل زمنية متصلة؛ وَلِكَيْ نصل إلى المستقبل لا بد أن نستفيد من تجارب الماضي وممارساته، وأن نحلِّل الحاضر؛ لأجل

استشراف المستقبل والتخطيط له، تحليلًا غير تقليدي. ونوردِ أهم الممارسات التي تساعد على تحسين التفكير في المستقبل، على النحو الآتي:

- التعرف بشكل كبير إلى تركيب الدماغ البشري: إذ إن العنصر البشري هو المسؤول عن التحليل والتفسير، والتطرق إلى آلية عمله وطبيعة نظرته للأمور، ومعرفة مواطن القوة والضعف في شخصيتك التحليلية.
- التدرب على نظام الخرائط الذهنية وبناء شجرة الأسباب والنتائج: هذه الطريقة تدعم معرفة العلاقات بين الاتجاهات والعوامل المحركة والدافعة، وتنظم نمط التفكير والتحليل، سواء كانت نقطة الانطلاق من المستقبل أو الحاضر.
- حضور ورش العمل التدريبية التي تهتم بالتأمل والتدبر: هذا قد يساعد كثيرًا على الوصول إلى مناطق الخيال في الدماغ.
- مشاهدة أفلام الخيال العلمي: فهي تساعد على توليد عدد من الأفكار الجديدة، التي تعمل على توسيع مناطق التفكير الواعي؛ فكما هو معلوم أن العقل اللاواعي يستقبل كميات غير محدودة من المعلومات، يقابلها تعامل محدود من العقل الواعي.
- رسم السيناريوهات البسيطة للتصرفات اليومية: قد يخلق عادة يومية لوضع البدائل الاستراتيجية لكل حدث؛ ثَم يُنمِّي قدرة العقل على الإدراك السريع للتغير.

○ **المبدأ الثالث: الحبكة الدرامية مهمة جدًّا...**

السيناريوهات -بطبيعة الحال- لا يمكن عَدُّها بسيطة التركيب أو سهلة التذكر، ويرجع ذلك إلى كثرة العوامل والتشعبات التي تعالجها، وقد يصعب على العامة فهمها أو تذكرها؛ لذا فإن أفضل السيناريوهات المستقبلية التي تبقي على السياق الدرامي على نحو يحافظ على هيكل السيناريو، ولا يخرج

عن الإطار العام لمحتواه. وكما ذكرنا من قبل، فالسيناريوهات خرجت من رحم الأعمال الدرامية والمسرحية؛ فلا مانع من أن ننظر للعالم على أنه قصة درامية، لها محركات أساسية، ومؤثرون، وشخصيات ثانوية تدعم الشخصيات الأساسية.

ينظم السيناريو سير الأحداث المستقبلية؛ للوصول إلى صورة مستقبلية مرغوب فيها، ويحدد أدوار كل شخصية وزمن تدخُّلها في القصة؛ لنضمن بذلك تفاعل الجمهور مع السيناريو المستقبلي، وسعيه إلى الالتزام بالسياسات والإجراءات التي نتجت عنه.

○ **المبدأ الرابع: تحتاج إلى الإبداع، أكثر مما كان في أي وقت مضى**

في عالم كرة القدم، وتحديدًا في مباراة جمعت بين الفريق الإنجليزي (ليفربول) وغريمه الإسباني فريق (برشلونة)، ضمن منافسات نصف النهائي لدوري أبطال أوروبا، لعام 2019–2020م، كان فريق (ليفربول) متأخرًا بثلاثة أهداف خارج أرضه، ويلزمه تسجيل أربعة أهداف على أرضه؛ للصعود إلى المباراة النهائية، حلل فريق البحث داخل فريق (ليفربول) البيانات المتعلقة بفريق (برشلونة)، ووجد ثغرة صغيرة جدًّا في دفاعاتهم أثناء الرُّكنيات أو رميات التماسِّ؛ فوضع فريق البحث سيناريو مع مدرب الفريق، الذي طلب من رامي الكرة بسرعة إلقاء الكرة داخل الملعب؛ ليستغل أفراد فريق (ليفربول) ثواني الارتباك المعدودة لفريق (برشلونة)، ويحاولوا تسجيل الهدف، وبالفعل قبل نهاية المباراة بعشر دقائق، سجل فريق (ليفربول) هدفه الرابع، أثناء ارتباك من فريق (برشلونة)؛ ليصعد إلى الدور النهائي.

جمع البيانات وتحليلها لا يحتاجان إلى طريقة تفكير نمطية، أو منهجية جامدة في التفكير، وإنما يتطلبان إبداعًا واحترافية؛ لأننا نتعامل في التخطيط للمستقبل مع عدة احتمالات مختلفة، بالإضافة إلى عدد من النقاط العمياء

ومناطق عدم التأكد، في ظل وتيرة تغيرات سريعة؛ لذا نجد أن التخطيط بالسيناريو يدعم كل أساليب التفكير خارج الصندوق، ويُسهم في إفراز البدائل والخيارات الممكنة، مع الحفاظ على الضوابط والقواعد الأخلاقية، التي تميز التخطيط المنهجي من كل أشكال التنجيم أو التكهن.

○ **المبدأ الخامس: راجع ما يطرأ على خطتك**

من بديهيات السيناريوهات أنها تدعم الخطة الاستراتيجية، وتعزز عملية صنع القرارات المستقبلية. ورغم أنها تقوم على الافتراض والتحليل المنطقي لأحداث الحاضر؛ لمحاولة استكشاف المستقبل، فإن هذه الافتراضات والتحليلات قد يكشف الزمن عدم صحتها؛ لذا يجب أن يكون هناك نظام تقويمي مستمر، يراقب تطورات الأوضاع الراهنة، ويقارنها بالسيناريوهات الموجودة، ويُجرِي التعديلات إذا لزم الأمر؛ تفاديًا للمخاطر التي قد تحدث نتيجة أحد الأوضاع الحالية، متخذة منحنًى آخر غير ذلك المفترض والمتوقع مسبقًا. ومن زاوية أخرى، فعند التأكد من أن الأوضاع الراهنة تسير طبقًا لما في السيناريو، سيكون لذلك أثر عظيم في بث الطمأنينة في نفوس العامة، والالتزام بالاستراتيجيات والأهداف المرجوة منها.

الفصل الثالث

مراحل بناء الخطة بالسيناريو

لكل جواد كبوة

في بداية التسعينيات، تعرض منهج التخطيط بالسيناريو إلى كبوة كبيرة، صرَفت عنه أغلب المؤسسات التي كانت تستخدمه وتعوِّل عليه في استكشاف المستقبل والاستعداد الجيد له؛ ولعل السبب في ذلك يرجع إلى قلة الوعي بمنهجية التخطيط بالسيناريو أو مراحله ؛ فقد كان الخلط بينه وبين التكهنات أو التنبؤات أمرًا واضحًا، كما أن محاولة الخبراء والمختصين بمجال التخطيط تسهيلَ منهجية التخطيط بالسيناريو بشكل أكثر من اللازم، جعلت البعض يتهاون في آلية استخدام المنهجية لتحقيق الغرض منها، بالإضافة إلى الأزمة الاقتصادية الطاحنة التي تسببت في تقليل عدد العمالة وقتئذ؛ لذا فإننا في هذا الجزء التدريبي، سنسلط الضوء على مراحل التخطيط بالسيناريو، والخطوات التي يجب على المُخطِّط القيام بها، والمهارات اللازمة لكل مرحلة، بالإضافة إلى عرض أهم التحديات التي واجهت تطبيق التخطيط بالسيناريو، مع عينة قصدية من المديرين والخبراء في مجال التخطيط والإشراف، إلى جانب استعراض أهم النماذج الملهمة للدول والمؤسسات، التي طبقت منهجية التخطيط بالسيناريو، وبيانِ كيف أسهمت هذه المنهجية في دعم قراراتها الاستراتيجية، وكذلك سنعرض للإدارة الفعالة للأزمات، وكيفية تجنب المخاطر، والوصول إلى الأداء المؤسسي المطلوب، وتحقيق الميزة التنافسية. كما أن هذا الجزء يشمل دليلًا إرشاديًّا شاملًا لجميع ممارسات التخطيط بالسيناريو، والأدوات التي يحتاجها المُخطِّط لإعداد أول شجرة للسيناريوهات المحتملة، سواء على المستوى الفردي أو المؤسسي؛

لتكون منهجية التخطيط بالسيناريو أداتك الملهمة لبناء خطة مستقبلية، معتمدة على قدر كبير من المعقولية والمنطق.

مراحل التخطيط بالسيناريو

قبل أن يغرس المزارع الغرس ويبدأ الزراعة، فإنه يقوم بعدد من الخطوات التمهيدية اللازمة؛ يحدد عن طريقها ملاءمة الأرض لنوع البذور التي ينوى غرسها؛ ثم يختار الوقت المناسب لزراعتها، ويجهز باقي الموارد التي يحتاج إليها للقيام بعملية الزراعة، ثم يبدأ ممارسة عمله، ولا يمَلُّ أو يكِلُّ من مراقبة عمله، أو تقويمه المستمر له، أو من توفير كل الاحتياجات التي تطرأ على زراعته؛ لكي يصل في نهاية الأمر إلى الغرض من زراعته، خاتِمًا بالحصاد وجني الثمار؛ كذلك التخطيط بالسيناريو، فإنه يلزمه عدد من المراحل الأساسية التي تضمن تحوُّل السيناريو من إطار الفكرة إلى نطاق العمل. ولعل حداثة منهجية التخطيط بالسيناريو وقلة استخدامه في الكثير من المؤسسات، توحي بضرورة وضع منهجية واضحة لتطبيق التخطيط بالسيناريو؛ ولذا فإننا في هذا الفصل سنحاول تغطية جميع المراحل التي يجب عليك القيام بها؛ لتنتهي إلى تطبيق سليم لمنهجية التخطيط بالسيناريو، سواء على المستوى الفردي أو المؤسسي، وسنحرص على التدريب على كيفية تحقيق كل خطوة، مع ذِكر الأمثلة التوضيحية؛ لتعزيز فهم الخطوات والمراحل. ويمكن تلخيص هذه المراحل في خمس مراحل أساسية:

1. مرحلة التجهيز والتمهيد.
2. مرحلة البناء والتصميم.
3. مرحلة التطوير والتحسين.
4. مرحلة التنفيذ.
5. مرحلة التقويم.

○ **المرحلة الأولى: الإعداد والتجهيز**

في هذه المرحلة يلتزم القائم بعملية التخطيط بعدد من الخطوات، قبل الشروع في خطته. تُسهم هذه الخطوات في توجيه الجهود الإدارية والبحثية نحو بناء سيناريوهات جيدة، والحصول على الموافقة المبدئية، قبل الانتقال إلى مرحلة البناء وتوليد القصص حول المستقبل، وتتضمن هذه المرحلة جملة من الخطوات، مُرتبة حسب أهميتها في مرحلة التجهيز:

1. تحديد الهدف من بناء السيناريو

من الأخطاء التي قد يقع فيها المخطِّط: عدم التحديد المسبق للغرض من بناء السيناريو، والدخول مباشرة إلى تحديد الأحداث الرئيسة المحركة (Verity, 2003)، حيث يساعد التحديد المسبق لأهداف السيناريو على الوصول إلى الجودة النوعية للمعلومات المطلوبة، واختيار سليم لعناصر فريق العمل، وتحديد مُتقَن للإطار الزمني والنطاق الجغرافي، وتركيز الجهود على بؤرة الأهداف، وتجنب الانشغال بأشياء فرعية. ويمكن الوصول إلى جواب دقيق عن الغرض من بناء السيناريو، عن طريق المناقشات مع أصحاب المصلحة، والمُلاك، والمديرين التنفيذيين، ورؤساء الأقسام.

- مثال على ماهية أغراض السيناريو

قد يكون غرض السيناريو زيادة حجم مبيعات خط معين، أو إمكانية توليد خطوط إنتاج جديدة، أو دراسة حجم المنافسة في السوق، أو وضْع سيناريو لعمر الآلات؛ بالتأكيد لكل هدف من هذه الأهداف محركات ودوافع أساسية تختلف عن تلك التي لغيره؛ لذا فإن التحديد المسبق لغرض السيناريو يضمن تحديد بوصلة العمل، وبناء مرجعية واضحة للمخططين، تُجنبهم الانشغال بأمور فرعية بعيدة عن غرض السيناريو الرئيس.

- تدريب

«في إحدى المؤسسات، طلب الرئيس التنفيذي من الخبير الاستراتيجي وضع عدة سيناريوهات مستقبلية للمؤسسة. في رأيك، ما الخطوة الأولى التي يجب على الخبير القيام بها، ولماذا؟»

أبدع هنا:

....

....

2. تعيين الأفكار الرئيسة والأحداث المحرِّكة بدقة

تبدأ عملية تحديد الأفكار المركزية بطرح أفكار مبدئية، فيما لا يزيد عن مئة فكرة، عن القضية المحددة بِحُرِّية تامة، دون قيود أو انتقاد أو تقليل من أي فكرة، ويجب أن تشمل هذه الأفكار جميع المتغيرات المرتبطة بالقضية المركزية، سواء كانت هذه المتغيرات اقتصادية، أو سياسية، أو اجتماعية، إلى آخر ذلك من المتغيرات؛ بهدف رصد الترابطات بين هذه الفكرة الرئيسة للسيناريو وباقي المتغيرات المرتبطة بها. ويمكن أن تُطرح هذه الأفكار في صورة أسئلة استراتيجية، تثير شغف المشاركين.

- كيف يمكن تحديد العوامل المحركة للأحداث؟

هناك العديد من الأساليب والأدوات، التي يمكن عن طريقها الوصول إلى العوامل الرئيسة المحركة للسيناريو، والتحقق من مصداقيتها وترابطها، ويستطيع فريق التخطيط المفاضلة بين هذه الأدوات، بحسب الحاجة إليها، أو بما يتناسب مع طبيعة الأشخاص المشاركين في مرحلة بناء السيناريو. ولعلنا نلخص أشهر هذه الأساليب في النقاط الآتية:

أ. المقابلات الشخصية: تُعقد الجلسات النقاشية مع بعض موظفي المؤسسة، الذين تختارهم اللجنة المنظِّمة؛ بهدف جمع المعلومات

عن القضايا المركزية للمؤسسة؛ ثم إعداد المحاور الأساسية للاستبانات، الموجهة إلى الخبراء في المرحلة القادمة.

ب. استخدام أسلوب دلفي Delphi: تقوم تقنية دلفي على أساس المناقشات التفاعلية بين الخبراء والمختصين، بشأن قضية محددة، للوصول إلى الاتجاهات العامة والمحركات الأساسية (فليه والزكي، 2003). وتحقيق الهدف من تقنية دلفي يتطلب الآتي:

- الاستبانات: تبدأ ممارسات دلفي بإجابات مجهولة الهُوية من الخبراء على استبانة مفتوحة، ثم تُرسل الردود إلى الخبراء جميعهم؛ لأجل المراجعة والتعديل؛ بهدف تقريب وجهات نظر الخبراء، وتحقيق التوافق المطلوب بينهم بشأن القضية المطلوبة.
- الجلسات النقاشية المغلقة: بعد الاتفاق المبدئي بين الخبراء والمختصين على الأحداث الأساسية المحركة للسيناريو، تأتي مرحلة النقاش المباشر مرحلة أخيرة، بعد أن تقلصت الفجوة الفكرية وتقاربت آراء المفكرين؛ للوصول في نهاية الأمر إلى التحديد النهائي للأحداث المحركة للسيناريو باحترافية ودقة.

3. تعيين بؤرة السيناريوهات

تُعرف البؤرة بأنها مركز الاهتمام والسيناريوهات، وتساعد على الوصول إلى أهم الأهداف الاستراتيجية، وتحديدها بشكل دقيق يضمن التركيز على قضية السيناريو الأساسية، وطرح الأسئلة الاستراتيجية ذات الصلة المباشرة ببؤرة أو مركز السيناريو، بالإضافة إلى عدم التشتت حول قضايا فرعية، كما أن تعيينه بشكل خاطئ يؤدي إلى هدر الطاقة والوقت مما يسبب؛ تشويشًا للرؤية المستقبلية وبالتالي اتخاذ الإدارة لقرارات استراتيجية خاطئة.

دراسة حالة: لكيفية الوصول إلى بؤرة السيناريوهات

س: كيف تُحدَّد الأهداف الأساسية للسيناريو، وصولًا إلى بؤرة السيناريو؟

ج: نطرح سؤالًا افتتاحيًّا متعلقًا بهدف السيناريو، ثم نحدد الأسئلة الأساسية التابعة للسؤال الافتتاحي، وذلك بمناقشة المشاركين، ونكرر الخطوة مرة ثانية؛ لنحدِّد الأسئلة الأكثر تكرارا، ثم نفرز الأسئلة المكرَّرة؛ لاستخلاص الأسئلة الرئيسة، وختامًا، نكتب الأهداف الاستراتيجية.

تمرين: حاول أن تحدد الأهداف الأساسية لسيناريو خاص بك:

....

....

4. توصيف الوضع الراهن

في هذه الخطوة نُجري تحليلًا شاملًا للبيئة الداخلية، بما فيها من نقاط قوة وضعف، وما يقابلها في البيئة الخارجية من فرص وتحديات؛ لعكس صورة حقيقية عن الوضع الراهن؛ بهدف تسهيل تحديد الاتجاهات السائدة، وكشف الإشارات الضعيفة التي سيعوِّل عليها المخطط، أثناء عملية بناء السيناريوهات، ولعل أهم النماذج التي قد تساعد على ذلك هو تحليل سوات SWOT Analysis:

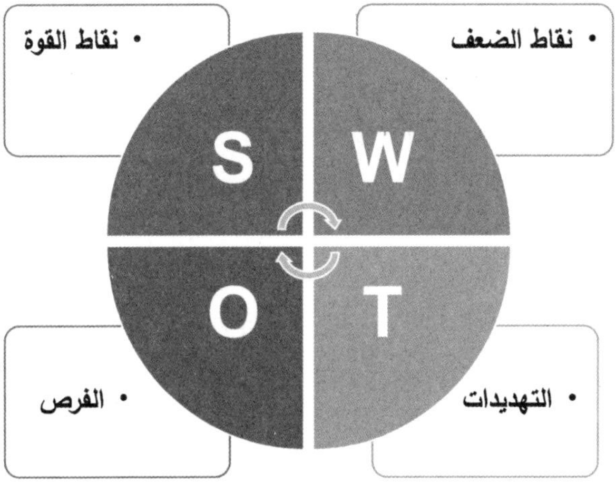

رسم توضيحي 3، تحليل سوات SWOT Analysis

5. اختيار عناصر فريق العمل

تعيين عناصر فريق التخطيط بالسيناريو ليس مهمة سهلة على الإطلاق؛ فنجاح السيناريوهات متوقف على مدى كفاءتهم ودرايتهم بآلية التخطيط ومراحله المختلفة؛ لذلك يجب أن يكون اختيار عناصر الفريق مبنيًّا على أساس المهارات، والخبرات الميدانية في أعمال الإدارة والتخطيط، ومعرفتهم الكبيرة ببيئة العمل وطبيعة المنظمة، وامتلاكهم لمستوى عالٍ من مهارات التحليل والإبداع، ويُفضَّل أن يكون أعضاء الفريق ممن سبق لهم استخدام تقنية السيناريوهات في التخطيط. ويمكن اقتراح هيكل إداري يشمل أعضاء الفريق على النحو الآتي:

أ. مدير التخطيط: مسؤول عن إدارة فريق التخطيط، وتوجيهه، ويفضل أن يكون على دراية كبيرة بمراحل عملية التخطيط وخُطواتها، فهو يعقد اللقاءات المباشرة مع أصحاب المصلحة وممثلي الدولة، بشأن كل المتغيرات المرتبطة بموضوع السيناريو.

ب. منسِّق خارجي: حلقة الوصل بين مدير التخطيط وكل من أعضاء الفريق والممثلين الخارجيين، يختص بترتيب الجداول الزمنية، واختيار أماكن عقد ورش العمل، وتنسيق كل الأمور المتعلقة بالسيناريو، وإدارة فريق المتعاونين الخارجيين.

ج. أعضاء الفريق: يمكن تقسيمهم إلى عدة مجموعات، بحسب المهام التي يقومون بها، على النحو الآتي:

- فريق جمع البيانات والتحليل.
- فريق عقد المقابلات واللقاءات المباشرة.
- فريق سرد القصة والحبكة الدرامية.
- فريق تطوير السيناريوهات.
- فريق ترجمة السيناريو إلى خطط استراتيجية ومشروعات.

د. متطوعون: تحتاج عملية التخطيط بالسيناريو إلى عدد من المتعاونين الخارجيين للقيام ببعض الأعمال؛ لضمان توفير الوقت والجهد، كالقيام بالتحليل الإحصائي لردود المشاركين واستجاباتهم في الاستبانة، وتصميم الفيديوهات، والتدقيق اللُّغوي لنص السيناريو.

6. رصد المتغيرات الخارجية

بعض المتغيرات لا تكون تحت سيطرة أصحاب المصلحة، وتؤثر مباشرة في تخطيط السيناريوهات؛ فيجب على المخطِّط أن يراعي جميع العوامل الداخلية أو الخارجية والتغيرات؛ تجنُّبًا للمفاجآت. وتأتي التغيرات الاجتماعية والتكنولوجية والسياسية على رأس هذه المتغيرات التي يرصدها المخطِّط بالسيناريو، إلى جانب بعض العوامل الديموغرافية والتحولات الاقتصادية العالمية، فضلًا عن تغيُّر حجم المنافسة بين المؤسسات.

7. تحديد نوعية المعلومات

ترتبط عملية جمع المعلومات بطبيعة الغرض من السيناريوهات، ويساعد نوع المعلومات على توفير الوقت، وتركيز الجهود على القضايا الرئيسة، وتوفير غطاء معلوماتي لكل المتغيرات الداخلة في عملية بناء السيناريو.

8. تحديد الإطار الزمني

يساعد التحديد الواقعي للنطاق الزمني على ضبط احتياجات أصحاب المصلحة، وتلبية رغبات المستفيدين (Lindgren & Bandhold, 2003)؛ ففي القطاعات التكنولوجية، التي تتزايد فيها سرعة وتيرة التغير، قد لا يتعدى الإطار الزمني للسيناريو أكثر من سنتين، في حين قد تصل المدة إلى عَشر أضعافها في المجال الزراعي مثلًا. وعلى الرغم من اختلاف أنواع السيناريوهات، فإن المُدَد الزمنية اللازمة لعمل السيناريوهات المختلفة متقاربة جدًّا؛ فعملية جمع المعلومات قد تمتد إلى ثلاثة أسابيع، مقسَّمة إلى ثلاث ورش تدريبية، بالإضافة إلى ثلاثة أسابيع أخرى لعملية البناء والتصميم؛ لإتاحة فرصة أكبر أمام المشاركين في التخطيط؛ لمراجعة المعلومات والالتزام بالأدلة الإرشادية أثناء عملية بناء السيناريو.

9. تحديد النطاق الجغرافي

من البديهي أن تكون للسيناريو حدود جغرافية تحكمه؛ لتسهيل الحصول على المعلومات، والتقدير الفعلي للتوجهات المستقبلية؛ من أجل الوصول إلى نتائج واقعية وسريعة.

10. تقدير النتائج المتوقعة

يُسهِم تقدير النتائج المتوقعة في رسم صورة واضحة للأدوات والمنهجيات المستخدمة، ويحدِّد الميزانية المبدئية لمشروع التخطيط،

كما أنه يُسهِم في زيادة دافعية فريق العمل، كما جاء في قوله تعالى: ﴿ثُمَّ يَأْتِي مِنۢ بَعْدِ ذَٰلِكَ عَامٌ فِيهِ يُغَاثُ ٱلنَّاسُ وَفِيهِ يَعْصِرُونَ﴾ (سورة يوسف: 49)، فقد وضع نبي الله الكريم عليه السلام التقديرات المستقبلية لسير الأحداث؛ ليساعده ذلك فيما بعد على شحذ كل الهمم واستغلال كل الموارد والطاقات أفضل استغلال؛ لتحقيق النتائج المتوقعة.

ملخص المرحلة الأولى

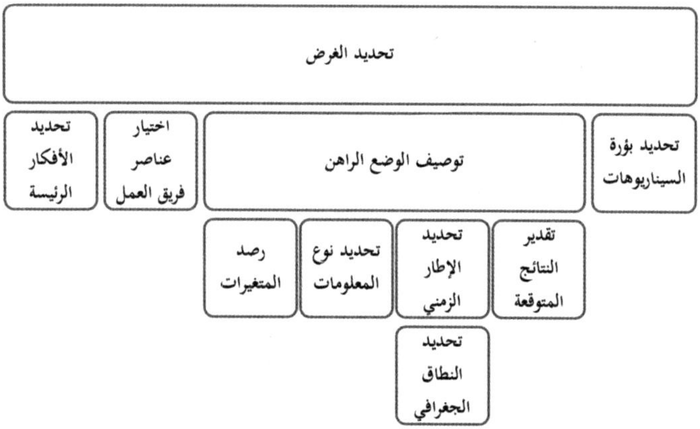

رسم توضيحي 4، ملخص المرحلة الأولى للتخطيط

المصدر: إعداد المؤلف

المرحلة الثانية: التصميم والبناء

استطاع فريق الإعداد والتجهيز في المرحلة السابقة تحديد الغرض من السيناريو، وبناء الأهداف الرئيسة، وتعيين البعد البؤري للسيناريو، عن طريق استخدام أسلوب دلفي وبعض الأدوات الأخرى. أما في هذه المرحلة فسيُسلَّط الضوء على بناء الشكوك الرئيسة؛ لتوسيع دائرة الفكر والافتراضات المستقبلية، وإعداد مجموعة أولية من السيناريوهات، انطلاقًا من ركيزتين أساسيتين، أولاهما: التحليل الداخلي والخارجي لمنظمة العمل، وثانيتهما:

جمع أكبر قدر من المعلومات العامة أو المتخصصة عن موضوع السيناريو، وترجمة هذه المعلومات والروايات إلى منتجات كمية، وقياس مدى اتساق السيناريو. ويمكن تلخيص هذه المرحلة في الخطوات الرئيسة الآتية:

1. تصفية الأهداف الرئيسة مع المشاركين

يحتاج المخطِّط إلى تركيز الجهود على الأهداف الرئيسة، وضبط النطاق الفكري والفرضيات (Lindgren & Bandhold, 2003)؛ وذلك تجنبًا للضياع والتشتت وسط كومة من المخرجات ليست لها علاقة بالأهداف الأساسية ببناء السيناريو في حال توسيع نطاق التفكير أكثر من اللازم، أو إهمال قضايا وأحداث مهمة؛ بسبب تضييق النطاق على نحو أقل كثيرًا مما نحتاج إليه؛ لذلك فإن مهمة المخطِّط تقوم على فرز وفلترة الأهداف، وتركيز جهود فريق العمل نحو تحقيق الأهداف ذات الصلة بهدف السيناريو كما يظهر في الشكل التالي. يمكنك الاستعانة بطريقة شجرة المشكلات لفرز وتصفية الأسئلة المطروحة من المشاركين؛ للوصول إلى عمق السؤال البؤري.

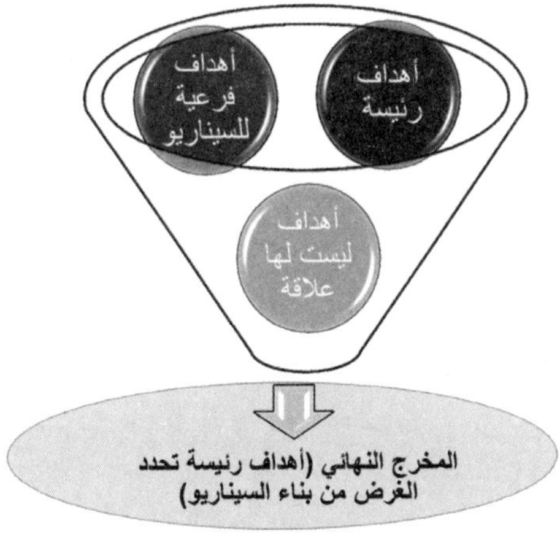

رسم توضيحي 5، كيفية تحديد الغرض من السيناريو

المصدر: إعداد المؤلف

2. تحليل العلاقات والتشابكات

عندما قدم بيير واك Pierre Wack اقتراح السيناريوهات لمؤسسة، قدمها على اعتبار أنها إحدى طرق التخطيط الاستراتيجي، التي تقوم على أساس الوصول إلى أكثر الاحتمالات حدوثًا معتمدًة على التحليلات والتنبؤات المرتبطة بالأحداث ذات العلاقة بموضوع السيناريو ويعرض الشكل التالي أهم الطرق التي يمكن الاعتماد عليها لبحث التشابكات والارتباطات بين الأحداث والقوى المؤثرة في السيناريو، بالإضافة إلى دورها في كشف نسب ودرجات تأثير كل حدث لبناء الفروض المنطقية.

يمكن الاستعانة بها لتجربة أول خطة بالسيناريو. ولكشف هذه القوى وفك شفرة الترابط فيما بينها؛ يمكننا الاستعانة ببعض الأدوات؛ لتحليل البيئتين الداخلية والخارجية للمؤسسة ولرسم شجرة العلاقات.

طرق تحليل البيئتين: الداخلية والخارجية

يوجد العديد من الطرق والأدوات التي تساعد المخطط على فهم وضع المؤسسة وتحليله على المستوى الداخلي أو الخارجي، ويمكنه أيضًا المفاضلة بين هذه الأدوات، بحسب فاعليتها وكفاءتها في تحقيق الغرض من تحليل الوضع الراهن ورسم الممر الآمن للمستقبل، ونحاول في النقاط التالية رصد أهم الطرق التي يمكن الاستعانة بها، بحسب طبيعة الفريق المشارك ونوع المهمة المطلوبة.

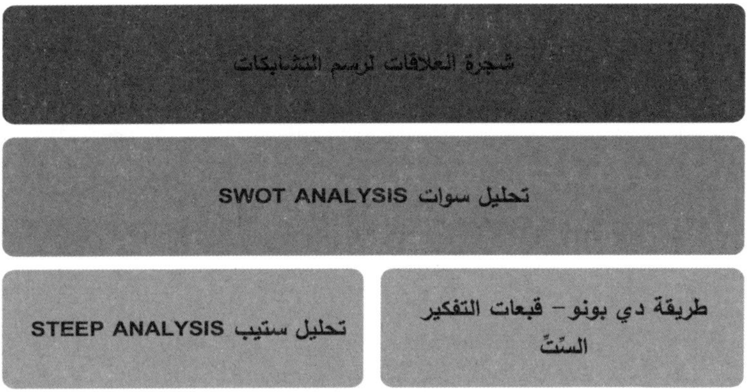

رسم توضيحي 6، طرق تحليل البيئة الداخلية والخارجية

أولًا: شجرة العلاقات لرسم التشابكات

تُعَد شجرة العلاقات -أو ما يسمى التحليل الشَّجري- إحدى أبرز أدوات التحليل العميق لأسباب مشكلة ما وآثارها؛ فهي تُستخدَم لتكون مخططًا بصريًّا يعبر عن التصور الكامل للبدائل المستقبلية المحتملة، ويعطي المؤسسة فرصة أكبر لفهم الواقع، وتحليل المتغيرات الداخلية والخارجية، ومحاولة فك الترابط فيها بينها؛ مما يسهل عملية استشراف الأحداث المرتبطة بهدف السيناريو. وتتكون شجرة العلاقات من ثلاثة أجزاء أساسية هي:

- الجذع: يعبر عن المشكلة الرئيسة أو الهدف الأساسي من بناء شجرة التحليلات.
- الجذور: تشير إلى الأسباب الأساسية لحدوث المشكلة.
- الفروع: توضح الآثار الناتجة، سواء كانت سلبيات أو إيجابيات.

رسم توضيحي 7، شجرة العلاقات لرسم التشابكات

المصدر: https://www.pinterest.com/pin/

يستخدم المخططون شجرة العلاقات في عدة أغراض، منها:

- وضع مخطط بصري للمشاكل والآثار؛ لتوضيح العلاقة بين السبب والنتيجة.
- توليد رؤية بصرية سهلة الاستذكار.
- ترشيد عملية اتخاذ القرارات الاستراتيجية.
- تسهيل رؤية العلاقات والترابطات بين القوى الدافعة وبعضها.
- تحديد الهدف النهائي المرغوب في تحقيقه في المستقبل.
- تحليل عميق للمتغيرات الداخلية والخارجية؛ لمحاولة فهم الواقع.
- تطوير الوعي المجتمعي بجذور المشكلة وآثارها.

آلية عمل شجرة العلاقات

- تحديد المشكلة الرئيسة: تبدأ عملية التحليل الشجري بوضع المشكلة الرئيسة التي سبق أن ناقشناها مع أصحاب المصلحة والخبراء في مرحلة التجهيز، في منتصف الورقة داخل إطار يعبر عن جذع الشجرة.
- تحديد الأسباب: تكون هذه الأسباب بمنزلة أهداف استراتيجية تحاول المؤسسة تحقيقها؛ لحل المشكلة الأساسية، وتُرسَم الأسباب الفرعية في الجذور.
- رسم العواقب: تكتمل شجرة العلاقات باستشراف العواقب المترتبة على هذه الأسباب، وتحديدها بدقة، سواء كانت سلبية أو إيجابية، ويكون ذلك دائمًا باستخدام العصف الذهني بين أعضاء الفريق المشارك؛ للوصول إلى علاقة حقيقية بين السبب والنتيجة.

نموذج افتراضي لشجرة العلاقات بهدف تطوير التعليم

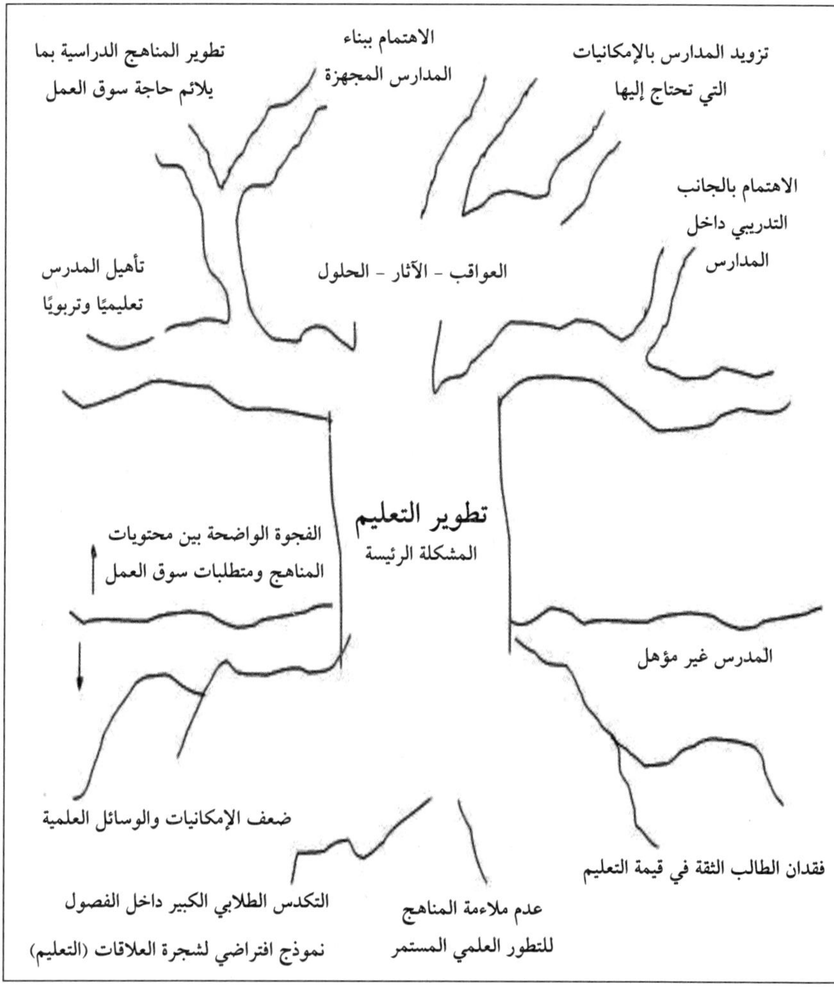

رسم توضيحي 8، نموذج افتراضي لشجرة العلاقات

المصدر: إعداد المؤلف

رسم توضيحي 9، نموذج افتراضي للتدريب

المصدر: إعداد المؤلف

تمرين: حاول أن ترسم شجرة العلاقات الخاصة بإحدى القضايا التي تواجهك (استخدم جذع الشجرة للمشكلة الأساسية، والجذور لكتابة أسباب هذه المشكلة أو الظاهرة، ثم الفروع لتحديد العواقب والآثار الناتجة).

ثانيًا: تحليل سوات (SWOT ANALYSIS)

يُعدُّ تحليل سوات من أفضل الأدوات المستخدمة في عملية تحليل الوضع الراهن؛ فرغم بدائيته وقِدَم استخدامه، فإنه لا يزال أداة سحرية للمخطط، تساعده على فهم وضع المؤسسة، ورصد أهم التحديات والفرص، سواءً كانت الداخلية أو الخارجية، كما أنه يعطي فرصة أكبر للمشاركين من خارج المؤسسة لفهم السياسات والتوجهات الداخلية للمنظمة. ومع ذلك فإن تحليل سوات في حد ذاته قد يكون غير مُجدٍ، إذا لم تتبَعه خطوة أكبر تقوم على أساس التنوع الاستراتيجي ووضع سياسات العمل الملائمة. يقول توماس تشيرماك Thomas J. Chermack في كتابه (Scenario Planning in Organizations) عن نموذج سوات، إنه أحد أهم الأدوات الفعالة في جمع المعلومات، سواء كانت عن نقاط القوة والضعف داخل البيئة الداخلية للمؤسسة، أو عن الفرص والتهديدات التي تحيط بالمؤسسة من الخارج، بالإضافة إلى كونه تمرينًا على العصف الذهني لتوليد خيارات استراتيجية تعبر عن الاتجاه الحقيقي للمؤسسة. ويقدم النموذج التالي ملخصًا لأهم إجراءات تحليل سوات.

جدول 2، خطوات بناء نموذج تحليل سوات SWOT Analysis

<table>
<tr><td rowspan="5">ملخص خطوات نموذج تحليل سوات SWOT Analysis ملخص إجراءات</td><td colspan="2">تحديد الهدف من بناء تحليل سوات
شرح إجراءات عمل سوات
تجميع الردود الفردية
دمج كل الردود
مناقشة الردود مع المشاركين
ملخص نموذج سوات
طريقة بناء نموذج سوات فعال
إجراءات عمل سوات SWOT</td></tr>
<tr><td colspan="2">البيئة الداخلية</td></tr>
<tr><td>نقاط القوة: ما يميز المؤسسة</td><td>نقاط الضعف: إخفاقات الشركة</td></tr>
<tr><td colspan="2">البيئة الخارجية</td></tr>
<tr><td>الفرص: خارج نطاق المؤسسة.</td><td>التهديدات: خارج جدران المنظمة</td></tr>
<tr><td colspan="3">ملخص التحليل: نستخدمه لمعرفة الوضع الراهن للمؤسسة وتحديد الإمكانيات والتهديدات؛ لمعرفة الاتجاهات العامة للمؤسسة.</td></tr>
</table>

المصدر: إعداد المؤلف بالرجوع إلى الأدبيات المتعلقة بنموذج تحليل سوات.

تمرين: يمكنك الاستعانة بالشكل التالي لعمل تحليل سوات.

جدول 3، نموذج تدريبي للقيام بتحليل سوات SWOT

<table dir="rtl">
<tr><th colspan="2">تمرين طريقة بناء نموذج سوات فعال</th></tr>
<tr><td>ضع هدفك من التحليل:
....
....
..............................</td><td rowspan="5">ملخص التحليل:
....
....
....
....
....
....
....
....
....
....
....
....
....
....
....
....
....
..............................</td></tr>
<tr><td>اشرح الإجراءات لفريق العمل:
....
..............................</td></tr>
<tr><td>اجمع الردود الفردية:
....
..............................</td></tr>
<tr><td>ادمج الردود الفردية:
....
..............................</td></tr>
<tr><td>ناقش جميع الردود مع المشاركين في التحليل:
....
..............................</td></tr>
</table>

جدول 4، تدريب على إجراءات عمل سوات SWOT

<table>
<tr><td rowspan="6">خطوات تحليل سوات</td><th colspan="2">إجراءات عمل سوات SWOT</th></tr>
<tr><th colspan="2">تحليل البيئة الداخلية</th></tr>
<tr><td>نقاط القوة: (ضع كل ما يميز الشركة)
....
....
....
................</td><td>نقاط الضعف: (وضح جميع نقاط ضعف الشركة)
....
....
....
................</td></tr>
<tr><th colspan="2">تحليل البيئة الخارجية</th></tr>
<tr><td>الفرص: (حدد الفرص من خارج المؤسسة)
....
....
................</td><td>التهديدات: (ضع كل ما تراه يهدد المؤسسة من الاتجاهات كافة)
....
....
................</td></tr>
<tr><td colspan="2"></td></tr>
<tr><td colspan="3">ملخص التحليل: (ضع ملخصًا لتحليل سوات، يعبر عن الوضع الراهن للمؤسسة، ويحدد الاتجاهات والتأثيرات، ويستفيد منه المخطِّط في وضع البدائل المستقبلية)
....
....
....
....
....</td></tr>
</table>

المصدر: إعداد المؤلف بالرجوع إلى الأدبيات المتعلقة ببناء نموذج سوات

ثالثًا: طريقة دي بونو (قبعات التفكير السِّتِّ):

قبعات التفكير الست -أو لعبة التفكير- إحدى إبداعات دي بونو De Bono في مجال التفكير الإبداعي، وتتلخص في ارتداء الشخص لست قبعات افتراضية، لكل قبعة وظيفة ونمط تفكير معين (دي بونو، 2001). يمكن استخدام هذه الطريقة لتطوير مهارات التفكير الاستراتيجي لدى فريق التخطيط، وتوسيع مناطق الإدراك المختلفة، وتوليد عدد من الأفكار والبدائل غير المألوفة، بالإضافة إلى تنظيم أفكار المخطِّط وتعميق نظرته تجاه موضوع السيناريو. وعلى الرغم من قِدَم طريقة دي بونو، فإنها لا تزال مفتاحًا سحريًّا لتطوير المنتجات الفكرية، ويمكن استخدامها في مواقف كثيرة أثناء عملية التخطيط بالسيناريو؛ لتنقية الأفكار المطروحة وتطويرها؛ ولتوسيع مساحة الإبداع من جهة واختبار متانة موضوع السيناريو من جهة أخرى.

القبعات وأنماط التفكير

القبعة البيضاء

البيانات والحقائق: تَرفع هذه القبعة شعار (الحقائق أولًا)، بعيدًا عن الجدال أو العواطف، يبحث صاحبها عن البيانات والإحصائيات والأرقام بأسلوب موضوعي، بعيدًا عن النقد أو المواقف الشخصية، عن طريق طرح أسئلة واضحة ومحددة لجمع المعلومات. تلائم هذه القبعة بداية التخطيط، أثناء مرحلة جمع البيانات؛ فلا أحد يجهز فكرة عن المستقبل، وتُعرض المعلومات أولًا ثم تتشكل الفكرة تلقائيًّا.

القبعة الحمراء

العاطفة والمشاعر: تقوم فكرتها على المشاعر والحدس، والحدس يعني الفهم السريع والمفاجئ لقضية ما، ومن الممكن أن تقود صاحبها إلى الإبداع؛ إذ يستطيع أن يُبدي

عدم ارتياحه لأمر ما دون إبداء أي مبررات. تستخدم هذه القبعة أحيانًا في تحديد السيناريوهات المرغوب فيها، والمرغوب عنها.

القبعة السوداء

قبعة النقد: الشخص الذي يرتدي هذه القبعة يسعى إلى انتقاد جميع الأفكار، وإلى تسليط الضوء على القصور والأخطاء في الأفكار المطروحة. تستخدم هذه القبعة أثناء مرحلة الدفاع مقابل الحوار؛ من أجل تقييم السيناريو والمخرجات بشكل عام.

القبعة الزرقاء

قبعة التفاؤل: تركز على النقاط الإيجابية والتفكير البنَّاء. يجمع صاحب هذه القبعة بين المنطق والخيال، وتحقق هذه القبعات منظورًا متزنًا لأحداث المستقبل. لا يُنصح بالإفراط في الخيال، وإنما يُشترط على صاحبها التحلي بصفة التفاؤل المرتكز على منطق واضح.

القبعة الصفراء

قبعة الابتكار: دائمًا ما يبحث صاحب هذه القبعة عن حلول إبداعية غير مألوفة لمواجهة التحديات والمشكلات؛ فيولِّد خيارات وبدائل جديدة، ودائمًا ما يثير التساؤلات عن أحوال المستقبل؛ ليجد حلولًا وأساليب مبتكرة، ويهتم صاحب هذه القبعة بنسج الأفكار وتنسيقها في ثوب إبداعي غير تقليدي.

القبعة الخضراء

قبعة ضبط التفكير: ويطلق عليها (قبعة القائد): إذ يوجِّه صاحبها الفريق إلى ارتداء القبعات، وإلى مراقبة التزام كل مشارك بقواعد القبعة التي يرتديها، ويتابع تنظيم عملية

التفكير، وتلخيص الآراء المطروحة، والمفاضلة بين أنماط التفكير. ويُعد صاحب هذه القبعة من الشخصيات التي تتمتع بشمولية الفكر وروح الجماعة في العمل.

رابعًا: تحليل STEEP

يشمل تحليل STEEP عددًا من المتغيرات المتعلقة باتخاذ أي قرار استراتيجي لتحديد المحركات المستقبلية، ويمكن تصنيفها إلى المحركات (الاجتماعية، والتكنولوجية، والاقتصادية، والبيئية، والسياسية) (العبادي، 2015). ويمكن أن يستفيد منها المخطِّط في فهم التطورات في كل مجال على حدة ومن ثم كشف درجات التأثير لكل محرك على موضوع السيناريو، كما يظهر في الشكل التالي:

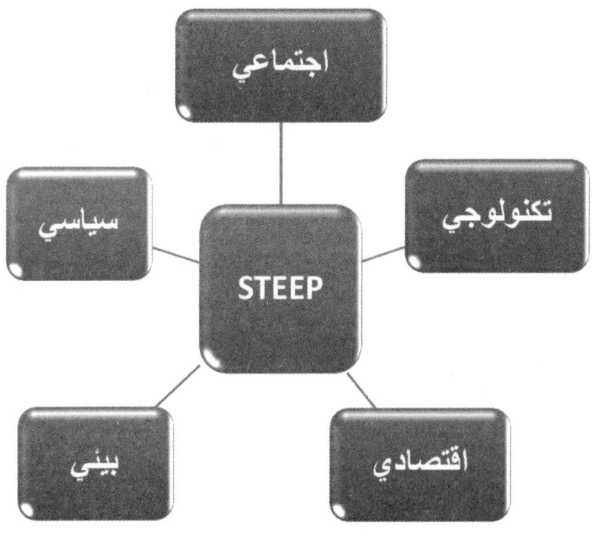

رسم توضيحي 10، تحليل STEEP

المصدر: إعداد المؤلف بالاستفادة من نموذج العبادي، هاشم - السيناريو الاستراتيجي، التخطيط – البناء – التنفيذ

3. تحديد القوة والعوامل المحركة

تُعد التحليلات الداخلية والخارجية، التي أجريناها في الخطوة السابقة، بمنزلة الخطوة صفر نحو معرفة القوى والدوافع المحركة لموضوع السيناريو: فرغم أنها أسهمت في تشكيل صورة واضحة عن المؤسسة، وإمكانياتها، ومواطن القصور فيها، والتهديدات التي تواجهها، والفرص التي تنتظرها إلا أنها لا تكفي لمعرفة الدوافع؛ لذا ستكون هناك عدة جلسات عصف ذهني، تستمر إلى يومين؛ لتحديد القوى المحركة لموضوع السيناريو:

الجلسة الأولى: تتطلب 8 ساعات، مقسمة على فترتي عمل، تتخللها جلسات استراحة، ويشارك خلالها أعضاء الفريق جميعهم في تحديد الدوافع والقوى المحركة، بغض النظر عن درجة التيقن منها، أو درجة تأثيرها في موضوع السيناريو.

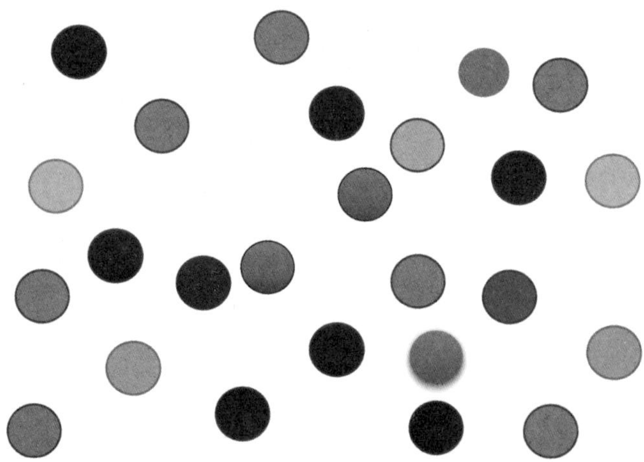

رسم توضيحي 11، حصر جميع القوى المحركة

المصدر: إعداد المؤلف بالاستفادة من نموذج Thomas J. Chermack, (2012) Scenario Planning in Organizations: How to Create, Use, and Assess Scenario

ما الفرق بين التوجهات والمحركات؟

جدول 5، الفرق بين التوجهات والمحركات

التوجهات TRENDS	المحركات DRIVERS
اتجاهات عالمية أو إقليمية أو محلية، تتميز بالثبات والعمومية، ولعل أبرز التوجهات يظهر في نموذج STEEP: (اجتماعي، وتكنولوجي، واقتصادي، وبيئي، وسياسي).	أما المحركات، فهي مجموعة من التوجهات المترابطة؛ أي أنه: يمكننا القول إن التوجهات نواة المحركات عندما تتشكل. وهي خمسة توجهات، طبقًا لنموذج STEEP.

المصدر: أدوات استشراف المستقبل، وزارة شؤون مجلس الوزراء والمستقبل، دبي الإمارات العربية المتحدة، الطبعة الأولى، 2017.

كيف تحدد المحركاتِ والقوى الدافعةَ للمؤسسة؟

يمكنك كشف المحركات الدافعة بعدة طرق، ولعل أبرزها، والتي ثبتت فعاليتها، الاستعانة بالتوجهات العالمية المستقبلية في تحديد القوى الدافعة والمحركة للمؤسسة -كما يظهر في الشكل التالي- والتي تستوفي بنود تحليل STEEP لرصد التغيرات في البيئة الخارجية. كما أن متابعة الإحصائيات المختلفة عن الموضوع من جهات معتمدة، تساعد على تشكيل صورة واضحة عن القوى المحركة، بالإضافة إلى استخدام المهارات البحثية وجلسات العصف الذهني.

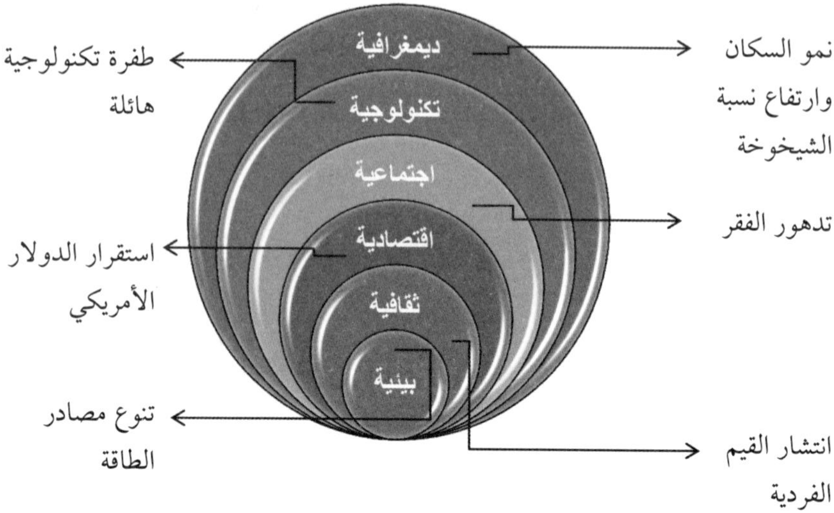

رسم توضيحي 12، أهم التوجهات العالمية وفق التقرير السنوي

4. ترتيب الأوزان لكل عامل

يجد المخطِّط نفسه بين كومة كبيرة من العوامل والاتجاهات، تتفاوت في تأثيرها ودرجة التيقن منها، ولبناء الإطار الخارجي للسيناريو؛ فإن المخطِّط يحاول تصفية هذه العوامل؛ للوصول إلى الأكثر تأثيرًا والأعلى درجة غموض - ويوضح الشكل التالي طريقة بناء المصفوفة- ويركز المخطِّط على منطقة المحركات الحرجة (التأثير المرتفع × اليقين المنخفض).

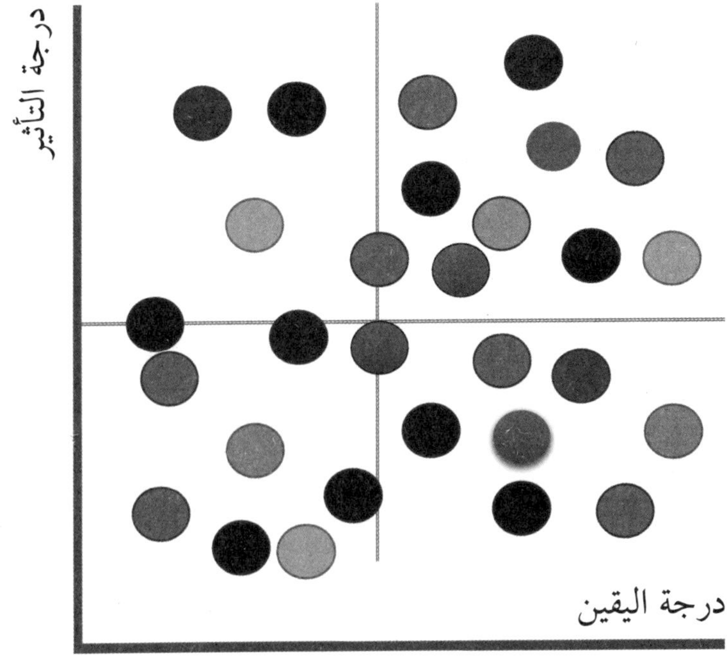

رسم توضيحي 13، مصفوفة القوى المحركة

المصدر: إعداد المؤلف بالاستفادة من نموذج Thomas J. Chermack, (2012) Scenario Planning in Organizations: How to Create, Use, and Assess Scenarios

إرشادات لقياس الأثر ودرجة اليقين

- يمكنك الاستعانة بشجرة العلاقات؛ لتوضيح القوى المحركة، وأهميتها، وتأثيرها، ودرجة الغموض.
- يفضل ألا يزيد عدد المحركات عن اثنين من المحركات ذات الأثر العالي واليقين المنخفض.
- يفضل أن تمتدَّ جلسة العصف الذهني من 10 إلى 12 ساعة، بحضور ممثلَيْن: أكاديمي وحكومي؛ لمناقشة الدوافع والمحركات.

يمكن أن تُصنَّف هذه العوامل إلى أربعة تصنيفات رئيسة:

- عوامل ذات تأثير عالٍ ودرجة يقين عالية.
- عوامل ذات تأثير منخفض ودرجة يقين عالية.
- عوامل ذات تأثير مرتفع ودرجة يقين منخفضة (منطقة التركيز).
- وعوامل ذات تأثير منخفض ودرجة يقين منخفضة.

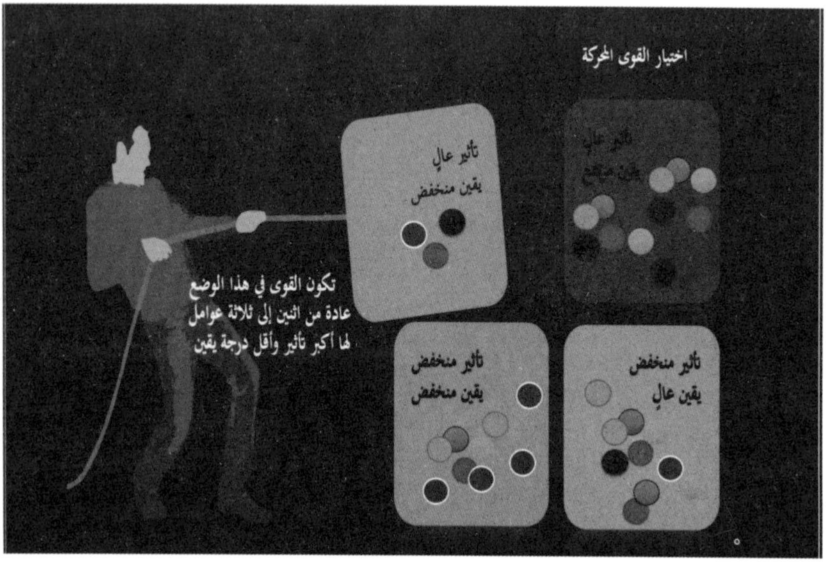

رسم توضيحي 14، اختيار القوى المحركة الأعلى تأثيرًا والأكثر غموضًا

المصدر: إعداد المؤلف

المرحلة الثالثة: التطوير والتصوير

1. بناء مصفوفة السيناريوهات

تُبنى مصفوفة السيناريوهات بالاعتماد على المحركات الناتجة من المرحلة السابقة، ويجب أن تكون المحركات واقعية ومستقلة؛ لا تتأثر واحدة بتغير قيمة الأخرى، كما يفضَّل ألا يزيد عدد المحركات عن محركين اثنين؛ تجنبًا للتشتت أو فتور الهمة، وتهدف مصفوفة السيناريوهات إلى:

- تأطير الهيكل العظمي، السيناريو وبنائه.
- معرفة الإشارات الضعيفة بين المحركات الأساسية، والغرض من السيناريو.
- كشف نقاط الالتقاء والمفارقة؛ لتحديد الخطوط العريضة للسيناريو، ومراقبة طرق تطورها.
- تحديد البدائل المستقبلية، ورسم أربعة مسارات للمستقبل، باستخدام البرامج الإحصائية، وإجراء النقاشات بين فريق العمل من الأكاديميين وصناع القرار، (Fink, A., Marr, B., Siebe, A., & Kuhle, J., 2005, p. 363)
- إثارة التساؤلات عن مستقبل هذه المحركات، وطرق تطورها، وتأثيرها في موضوع السيناريو، على النحو التالي:
  - كيف يتطور الموقف في المستقبل للمحركات التي اخترتها؟
  - كيف تتعامل مع المؤسسات والجهات المختصة؟
  - ما تأثيره في وضع السيناريو؟

ملحوظة:

أُخرج عن نطاق المألوف أثناء الإجابة على التساؤلات، وعبِّر عن عالم جديد، ضمن إطار من الاتساق والمنطقية، حسب المعلومات المقدَّمة، وتأكد باستمرار من استقلالية كل محرك عن الآخر.

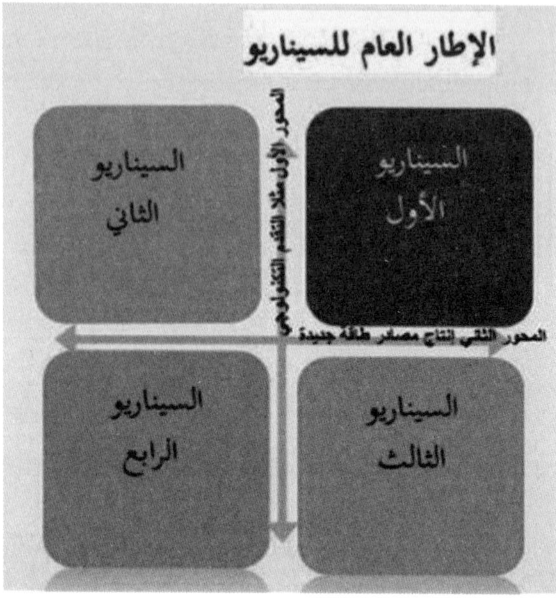

رسم توضيحي 15، مصفوفة بناء السيناريوهات

المصدر: Lindgren, M & Bandhold, H. (2003): Scenario Planning The link between future and strategy, published by PALGRAVE MACMILLAN, Printed and bound in Great Britain by Creative Print & Design, P:67.

2. كتابة السيناريوهات

يقول روجر شانك[1] Roger Schank: «البشر ليسوا مهيَّئين لفهم المنطق، وإنما لفهم القصص»؛ لذا فإننا سنحاول في هذه الخطوة ترجمةَ مصفوفة السيناريوهات إلى قصص واقعية عن المستقبل، عن طريق حبكة درامية مقنعة لأحداث المستقبل، تحقِّق قدرًا عاليًا من الإبداع في سرد التفاصيل لكل سيناريو وعَرضِها، وتجمع بين القدرات المنطقية والإبداعية؛ لضمان

(1) باحث أمريكي في مجال الذكاء الاصطناعي، وعلم النفس المعرفي، وعالم متخصص في مجال التعلم، ومصلح تربوي، ورجل أعمال.

تفاعل أصحاب المصلحة والجمهور (Water، 2004). ولتحقيق ذلك؛ يفضَّل أن يكون عدد السيناريوهات بين (3) و(5)؛ فوجود عدد أقلّ من ثلاثة سيناريوهات قد يصيب المؤسسة بقصور في الرؤية الشاملة للمستقبل، كما أن زيادة عدد السيناريوهات عن خمسة يعني أن المؤسسة ستتحمل أعباء إضافية، من وقت وتكاليف. ومع ذلك، يبقى العدد المثالي للسيناريوهات هو ثلاثة: أحدهم يعبر عن الأكثر احتمالًا والأكثر فائدة، وبقية السيناريوهات بمنزلة تصورات أخرى للمستقبل. كما يُنصح بتكليف شخص واحد بكتابة السيناريو، ويساعده على تطويره مجموعة من المختصين.

إرشادات كتابة السيناريو وإجراءاتُها:

- اجعل من الخطوط العريضة نقطة الانطلاق لنسج قصة السيناريو.
- التقط جميع مدخلات السيناريو وعناصره (معلومات، ومحركات، ومؤثرات).
- طوِّر شكلين لكل سيناريو؛ لإظهار الحقائق، وإبراز نقاط الضعف لمعالجتها.
- صمم لكل سيناريو قصة، وجوهرًا، وبِنية (بداية، ووسط، وخاتمة).
- راعِ مواصفات السيناريو التي ذُكرت في الفصل الأول.
- استعمل بعض الأساليب الرياضية؛ للتنبؤ بتطور المتغيرات بحسب الزمن.
- استخدم الفعل المضارع عند كتابة السيناريو.
- طور صورة أولية للسيناريو، بحسب الافتراضات الأولية.
- ركِّز أثناء الكتابة على الهدف من السيناريو.
- ضع في اعتبارك التراجيديا المفاجئة في تطور الأحداث.
- بسِّط أسلوبك قدر الإمكان.

- حدِّد الأدوار والأحداث والمشاهد.
- جهِّز ملخصًا لكل سيناريو، لا يزيد عن خمسة أسطر.
- احرص على أن يكون عنوان السيناريو جذابًا.
- اضبط الحبكة الدرامية لأحداث السيناريو.
- استمتع بمغامرة كتابة القصة المؤسسية.
- حدد إشارات التحذير المبكر.
- ضع ثلاثة أنواع من السيناريوهات: تفاؤلي، ومحتمل، وتحذيري.
- لا تنسَ أن السيناريو أداة للتخطيط.

آلية كتابة السيناريو

قبل أن تبدأ الكتابة، تخيل نفسك روائيًا يكتب قصة فيلم سينمائي، يعبر فيه عن أحوال مستقبلية محتملة، لعدد محدد من المحركات والمؤثرات، بطرق مختلفة؛ للحصول على مستقبل خالٍ من المفاجآت من ناحية، ولتنظيم تسلسل الأحداث والأدوار من ناحية أخرى.

يبدأ كاتب السيناريو بمقدمة منطقية، تقدِّم وصفًا مبسطًا لتحليلات البيئتين الداخلية والخارجية، يراعي فيها السرد القصصي للوضع في الماضي، وكيف تطور، وصولًا إلى الوقت الحاضر، بعد ذلك ينطلق من الخطوط العريضة التي ستغير من مجرى أحداث المستقبل، بحسب المؤشرات والبيانات والافتراضات التي وُضعت سابقًا، ويسلط الضوء على تطور العلاقة بين المحركات المختارة وتأثيرها في موضوع السيناريو. في هذه العملية يُبرز كاتب السيناريو الإشارات الضعيفة المحتمل ظهورها في المستقبل، ويضع احتمالات تطورها وطرق التجهيز والاستعداد لها. لا يركز الكاتب على تصور وحيد للمستقبل، وإنما يضع ثلاثة تصورات مختلفة تعبر عن المستقبل. ويبرهن الكاتب على أسباب تطور الأحداث على هذا النحو، وفقًا لخبرته

السابقة في وضع السيناريو أو تصور الأحداث، وقد تكون هناك جوانب غير منطقية في السيناريو؛ نظرًا لتعامله مع مناطق مجهولة في المستقبل، يعتمد فيها على حدسه ونظرته الشخصية لتطور الأحداث وربما يميل الكاتب إلى نسج قصته بمزيج من المنطق والابتكار، واستخدام المخ بشِقيه، الأيمن والأيسر؛ لنقد أفكاره وتنقيتها باستمرار. السيناريو -من وجهة نظر المخطِّط- أداة للتخطيط الاستراتيجي؛ فلا يغفل أبدًا عن الرجوع إلى الهدف من السيناريو؛ ليربط قصته الدرامية بتحقيق الهدف. وقد يُضطر كاتب السيناريو إلى وصف مجموعة مشاهد جانبية، لها تأثير في سياق السرد القصصي لموضوع السيناريو، وأحيانًا يلجأ المخطِّط إلى تضييق فضاء السيناريو؛ لأجل التركيز على مخرجات لها علاقة بغرض كتابة السيناريو. هناك -كذلك- بعض التحوُّلات العنيفة والمحتمَلة في سياق السيناريو، يُبرزها المخطِّط في صورة تراجيدية؛ ليضمن جذب المشاركين، ومناقشة هذه التغيرات، ووضع خطط بديلة تضمن الانتقال المرن بين الأوضاع المختلفة للمستقبل، وليضمن -إلى ذلك- توفير زمن جاهزية أكبر؛ لتجنُّب الاضطرابات المفاجئة.

وأخيرًا، ضع عنوانًا مميزًا لكل سيناريو، واستعد لمناقشة السيناريوهات مع أصحاب المصلحة والمستفيدين؛ لتنقيتها وفرزها واعتماد ثلاثة سيناريوهات منها للمستقبل.

تمرين: توصَّل فريق التخطيط إلى اثنتين من القوى المحركة، التي ستؤثر في مستقبل مبيعات السيارات في دول الخليج: المحرك الأول: التقدم التكنولوجي. المحرك الثاني: تنوُّع مصادر الطاقة. بعد عِلمك بهذه المحركات، حاول أن تسرد ثلاثة سيناريوهات مستقبلية، علمًا بأن الهدف من السيناريو هو التنبؤ بحجم مبيعات سيارات البنزين، خلال السنوات العشرِ القادمة

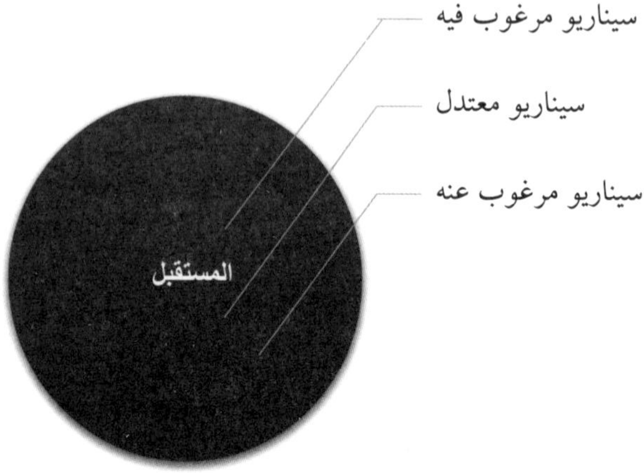

رسم توضيحي 16، فلترة السيناريوهات

المصدر: إعداد المؤلف

ضع إبداعك هنا:

عنوان السيناريو: ....

المقدمة..

الشفرات: ....

....

الترابطات: ....

....

المهارات الأساسية لعمل القصة المؤسسية

يُعدُّ روبرت ماكي Robert McKee من أشهر كتاب السيناريو في هوليود وأكثرهم تأثيرًا، حصد تلامذته من كُتَّاب السيناريوهات ما يزيد عن 26 جائزة أوسكار، لاحظ ماكي أن كثيرًا من طُلَّابه في السنوات الأخيرة هم من رُوَّاد الأعمال، والتنفيذيين، والمسؤولين رفيعي المستوى، على خلاف العادة؛ فقد حاضر أكثر من 40 ألف شخص خلال مسيرته، أغلبهم كان من صُنَّاع السينما؛

(بينك، 2010، ص 106) فلماذا توجهت هذه الفئات إلى دراسة السيناريو وتعلُّم كتابة القصة؟! قد يبدو أنهم أدركوا أهمية السيناريو في معرفة ما يدور حولهم، وأهمية القصة المؤسسية في تحريك الأمور المستقبلية، والسؤال الآن: ما المهارات الواجب توفُّرها في راوي القصة؟ على الرغم من أن نسج القصة مهارة في حد ذاته، تستند إلى الفكر الإبداعي للشخص؛ لتعزيز فهم الوقائع المستقبلية، التي ربما تكون غير منطقية للبعض، إلا أن سرد القصص يتطلب امتلاك سارِدها نوعًا فريدًا من المهارات، أهمها:

- رؤية العلاقات والترابطات بين المجالات غير المرتبطة.
- امتلاك تفكير عابر للمألوف.
- القدرة على استخدام الذكاء المجازي.
- القدرة على الرؤية الشاملةِ للموضوع وتجميع أجزاء القصة.
- إلهام الآخرين.
- تبادل الأفكار.
- امتلاك المهارات اللغوية.
- الاطلاع الواسع على تطورات الأحداث حوله، والوعي العميق بها.
- الحدس القوي، والجمع بين التفكيرِ المنطقي والابتكار.
- إجادة التعامل مع البرامج والمعالجات الإحصائية.
- حصيلة علمية معقولة في أغلب العلوم.
- الحرص على القراءةِ والتحصيل.
- قدرة كبيرة على بناء المبادرات.

المرحلة الرابعة: التنفيذ والتنسيق

تختلف هذه المرحلة عن باقي المراحل؛ كونها المحدِّد الرئيس لاعتماد أجندة المشروع المستقبلي، وورقة الرهان التي يُعوِّل عليها المخطِّط لنجاح

عملية التخطيط؛ فقد يصبح السيناريو بلا جدوى إذا لم يُترجَم إلى خطة واقعية، لها أهداف وإجراءات استراتيجية تستطيع أن تتبعها المؤسسة. ولربما تكون هذه المرحلة هي الأهم من بين مراحل التخطيط؛ لأنها تُعبر عن تطور حقيقي لمخرجات السيناريو وتحوُّله إلى دائرة الفعل، مشتملًا على اختبار جاهزية المؤسسة لتحديات المستقبل المحتمَلة، وتحديد نظريات الأعمال المستقبلية وفلسفاتها، بالإضافة إلى تطوير الإشارات الضعيفة، واختيار مؤشرات الأداء، واختبار تأثير القرارات الاستراتيجية في المؤسسة، ورسم الخريطة المستقبلية للمؤسسة، هذا إلى جانب تحديد أوجُه التأثير لكل سيناريو في الوضع الراهن والمستقبل.

1. من السيناريو إلى الاستراتيجية

رغم محاولات السيناريو اقتحام المجهول، وفق منهجية علمية تقوم على الافتراض والاحتمال؛ للوصول إلى دلالات وإشارات واضحة، بشأن تطور موقف فرضي في المستقبل- فإنه لا يمكن عَدُّه هدفًا في حد ذاته. ولتحقيق أقصى منفعة ممكنة من السيناريو؛ يجب تحويله إلى استراتيجية تستند إليها المؤسسة في تحسين أدائها، وتلبية حاجات المستفيدين، وتحقيق ميزة تنافسية. وقد يتبادر سؤال إلى أذهاننا أثناء تصميم الاستراتيجية، وهو: أي سيناريو سأعتمد عليه؟ فالحاصِل أن لدي ثلاثة سيناريوهات تعبر عن تصورات المستقبل، وإعداد تصميم استراتيجي لكل سيناريو قد يكون مكلفًا وغير عملي؛ لذا فإن هناك مجموعة من الخطوات التي يجب على المخطِّط القيام بها؛ لتحويل السيناريو إلى نطاق العمل، وذلك كما يلي:

2. العودة إلى البعد البؤري

نعود من حيث بدأنا: إلى الهدف الأساس الذي لأجله سعينا إلى بناء السيناريو، ثم نُثير التساؤلات -في حضور متخذي القرار وأصحاب المصلحة-

عن طريق الإجابة عن السؤال الرئيس في كل سيناريو على حدة، وفقًا للمعلومات المتوفرة والحدس الشخصي للمشاركين. إجابات المشاركين ستقودنا إلى السيناريو الأكثر فائدة والأكثر احتمالًا.

3. الرهان على الأكثر احتمالًا والأكثر فائدة

يمكن الوصول إلى السيناريو الأفضل، عن طريق جلسة عصف ذهني مع أصحاب القرار وكاتبي السيناريوهات ومطوريها، بِبناء مصفوفة تشمل (الأهداف × الأحداث) (Thomas J., 2012)، تقودنا إلى تحديد السيناريو الأقرب للحدوث والأكثر نفعًا للمؤسسة، سواء في تحقيق ميزة تنافسية، أو وضع خطة مسبقة للطوارئ. والرهان على سيناريو ما، يجب أن يحافظ على المرونة المطلوبة تجاه جميع الأفكار المطروحة؛ فلا تحيُّز ولا إبعاد إلا وفق معلومات أكيدة، أو إشارات واضحة، كما سنرى في الخطوة التالية.

4. مراقبة الإشارات

قد يكون التركيز على سيناريو واحد مضيعة لعملية التخطيط بأكملها؛ فمن الممكن ألا يتحقق هذا السيناريو؛ لذا فإن وَضْع المخطِّط لنفسه علامات أو إشارات مستقبلية، يراقب عن طريقها تطور الأحداث ويتحقق من الخريطة الاستراتيجية أمر ضروري لمراقبة خطته وإجراء التعديلات اللازمة.

ما مخرجات تنفيذ السيناريو؟

- رسم الخريطة الاستراتيجية

يضمن السيناريو الاستراتيجي وضع خريطة استراتيجية متماسكة وواضحة المعالم، تلبي حاجات المستفيدين، وتراعي أصحاب المصلحة والملاك. وتحِّدد احتياجات الخطة من حيث الإمكانيات البشرية، وتقسيم السيناريو إلى خطط استراتيجية، لا يتجاوز المدى الزمني للخطة الواحدة

منها خمس سنوات، مع الالتزام بالإشارات المستقبلية التي تضعها لنفسك لمراقبة الأداء. وهناك الكثير من التجارِب الملهمة التي حققت ازدهارًا حقيقيًا في التخطيط الاستراتيجي، مثل: مؤسسة شل، وخطوط الطيران البريطانية، وسنتناول لاحقًا هذه التجارب بمزيد من التفصيل.

- ترتيب سُلَّم الأولويات الاستراتيجية

قد تكون للمؤسسة عدة أولويات استراتيجية يعجز المخطِّط عن الاختيار بينها؛ لعدم قدرته على اختراق منطقة المجهول، أو إحجامها عن المقامرة بأحد البدائل على حساب الآخر؛ فكيف تستطيع مؤسسة أن تعطي الأولوية لبديل على آخر، دون استكشاف لمجريات أحداث المستقبل وفرص تطورها؟ تساعد السيناريوهات الاستراتيجية على تحديد الأولويات العاجلة والمهمة. وليس غريبًا أن تمر المؤسسة أو الشخص بفترة من التيه الاستراتيجي؛ نتيجة فقدان الرؤية لأحداث المستقبل، أو لأسباب أخرى. ويمكن معالجة ذلك، بتركيز الاهتمام على الهدف الاستراتيجي ورؤية المؤسسة.

- اتخاذ القرارات الاستراتيجية

هناك علاقة وطيدة تربط متخذي القرار بالسيناريوهات الاستراتيجية؛ كونه أداة استكشاف الأحداث المستقبلية والعواقب المترتبة عليها قبل حدوثها (Thomas C., 2004)، كما أن تعزيز التفكير الاستراتيجي بشأن المتغيرات الأخرى، يُهيئ لمتخذي القرارات الاستراتيجية فرصة أكبر لرسم صورة كاملة عن أبعاد قراراته في المستقبل وتأثيرها على المؤسسة. واتخاذ القرار من أصعب المهام التي تقع على عاتق المديرين، إن لم تكن هناك رؤية استراتيجية تدعمه.

- وضع خطة للطوارئ

السيناريوهات الاستراتيجية إنذار مبكر للدول والمؤسسات بالخطر المحتمل، وكم من أزمة عالمية أصابت العالم في مقتل، كان يمكن تجنُّبها أو

ترويضها إن كان هناك استشراف أو استعداد مبكر لها، ولنا في أزمة كوفيد 19 (فيروس كورونا) مثال معاصر وعِبر كثيرة ينبغي لنا استحضارها في التعامل مع المستقبل؛ فقد استطاعت دولة تايوان المجاورة لدولة الصين، وتحديدًا مدينة ووهان -مركز انتشار الفيروس في العالم- تطويق الفيروس وحصره، لتتفرد بصدارة الدول التي تمكنت من هزيمة الفيروس، وإن كان هناك سبب لذلك، فهو التخطيط الاستباقي للتعامل مع التحديات المستقبلية المحتملة.

المرحلة الخامسة: التقويم والمتابعة

تقوم عملية التخطيط على مبدأ التصور والاحتمال، وتقريب وجهات النظر حول المستقبل؛ لذلك لا تنتهي مهمة التخطيط بوضع الأهداف والبدائل الاستراتيجية وحسب، وإنما هناك عمليات تغذية راجعة مستمرة، تهدف إلى تحسين الخطة وتعديل المسار على نحو دائم وسريع؛ بغرض تحقيق الهدف الأساسي من بناء السيناريو، بالإضافة إلى تأمين خط الرجوع إلى أقرب نقطه، حال تعرُّض السيناريو إلى الانهيار، وتكون عملية التقويم على خطوتين:

- تقويم السيناريو

يهتم المخطِّط خلال هذه المرحلة بالتأكُّد من المواصفات المتفق عليها لبناء السيناريو، ولعل الإجابة عن الأسئلة المقابِلة لكل ركيزة تقويم، ستقربه خطوة من التقويم النهائي للسيناريو.

أ. الانسجام: هل للسيناريو عنوان واضح ومتناسق مع مكوناته الداخلية؟ هل هناك منطق ترى فيه ترابطًا بين العلاقات والمتغيرات؟ هل هناك نظام واضح؟

ب. التعاطف: السيناريوهات الناجحة هي التي تخلق حالة من التعاطف والترابط بين مكونات السيناريو وجميع الأطراف المنتفعة منه، ويمكن الوصول إلى هذه الحال من الإجابة عن هذا التساؤل:

هل السيناريوهات حققت مصالح الأطراف المشاركة؛ من أصحاب المصلحة، والمُلاك، والمستفيدين، وأصحاب المشروعات؟

ج. احتمالية الحدوث: هل السيناريوهات محتملة الحدوث؟

د. الحبكة الدرامية: هل هناك حبكة درامية لتفاعل الأحداث؟ هل كانت أدوار الشخصيات وعلاقتهم بالقصة منطقية؟

هـ. المعنى: لا يمكن الاعتماد على سيناريو لا معنى له؛ لذا يجب أن تطرح هذا التساؤل: هل السيناريو يفتح المجال أمام أفكار جديدة وبناءة يمكن الاعتماد عليها؟

و. التحدي: هل يعزز السيناريو روح التحدي؟ هل يراهن على الإشارات الضعيفة ويراقب تطورها؟ هل تتحدى السيناريوهات النمط التقليدي في طرح الأفكار وتحليلِها؟ هل حققت الأفكار الواردة في السيناريو الابتكار والخروج عن المألوف؟

تقويم مخرجات السيناريو

تُجرى عملية تقويم مخرجات السيناريو؛ بُغية معرفة المشكلات التي تواجه تنفيذ السيناريو، والاكتشاف المبكر لأوجُه القصور والأخطاء؛ بغرض استخدامها تغذية راجعة لتحسين وضع الخطط والأداء. ويمكن أن تُجرَى عملية التقويم باستطلاع رأي جميع العناصر التي شاركت في عملية بناء السيناريو، وقياس مستوى قَبولهم لمخرجات السيناريو.

ملخص لمراحل التخطيط بالسيناريو

جدول 6، ملخص مراحل التخطيط بالسيناريو

<table>
<tr><td rowspan="10">التجهيز والتحضير</td><td>حدِّد غرضك من السيناريو.</td><td colspan="2"></td></tr>
<tr><td>اختَر الأفكار الرئيسة بدقة.</td><td colspan="2"></td></tr>
<tr><td>ضع بؤرة للسيناريو.</td><td colspan="2"></td></tr>
<tr><td>حاول أن تصف الوضع الحالي بدقة.</td><td colspan="2"></td></tr>
<tr><td rowspan="2">اختَر عناصر الفريق ووزع المهام.</td><td>مدير التخطيط</td><td>منسق خارجي</td></tr>
<tr><td>أعضاء الفريق</td><td>متطوعون</td></tr>
<tr><td>ارصُد المتغيرات الخارجية.</td><td colspan="2"></td></tr>
<tr><td>حدِّد نوع المعلومات المطلوبة.</td><td colspan="2"></td></tr>
<tr><td>حدِّد الإطارين؛ الزمني والجغرافي.</td><td colspan="2"></td></tr>
<tr><td>قدِّر النتائج المتوقعة من بناء السيناريو.</td><td colspan="2"></td></tr>
</table>

المصدر: إعداد المؤلف

<table>
<tr><td rowspan="7">بناء السيناريو</td><td>تصفية الأهداف الرئيسة.</td><td colspan="2"></td></tr>
<tr><td rowspan="3">تحليل العلاقات والتشابكات.
تحليل البيئتيْن: الداخلية والخارجية.</td><td>نموذج سوات.</td><td>قبعات التفكير الست.</td></tr>
<tr><td colspan="2">شجرة العلاقات.</td></tr>
<tr><td colspan="2">تحليل STEEP.</td></tr>
<tr><td>تحديد القوى المحركة.</td><td colspan="2">استعن بالتوجهات العالمية.</td></tr>
<tr><td>ترتيب الأوزان لكل قوة.</td><td colspan="2">جلسات عصف ذهني.</td></tr>
<tr><td>اختيار العناصر الأكثر غموضًا وتأثيرًا.</td><td></td><td>أساليب إحصائية.</td></tr>
</table>

المصدر: إعداد المؤلف

تطوير السيناريو	بناء مصفوفة السيناريوهات.	
	كتابة السيناريو.	
	توليد من 3-5 سيناريوهات.	

المصدر: إعداد المؤلف

تنفيذ السيناريو	رسم الخريطة الاستراتيجية.	
	ترتيب سلم الأولويات الاستراتيجية.	
	وضع خطة الطوارئ.	
	اتخاذ القرارات الاستراتيجية.	

المصدر: إعداد المؤلف

تقويم السيناريو	تقويم السيناريو	انسجام.	تعاطف.
		احتمالية.	تحدٍّ.
		حبكة درامية.	معنى.
	تقويم مخرجات السيناريو.		

المصدر: إعداد المؤلف

التحديات التي تواجه تطبيق التخطيط بالسيناريو

هل يناسب التخطيط بالسيناريو جميع المؤسسات والأشخاص؟

يختلف مستوى تطبيق التخطيط بالسيناريو في الدول النامية عنه في الدول المتقدمة، وكذلك في الشركات الكبيرة عنه في المشروعات الصغيرة. وعلى الرغم من أهميته الكبيرة، التي حاولنا توضيحها في الفصل الأول، فإن تقنية

السيناريوهات قد لا تكون الخيار الأمثل لبعض الأعمال؛ فالعلاقة عكسية بين درجة الوضوح والحاجة إلى وضع سيناريوهات؛ فتقلُّ الحاجة إلى البدائل المستقبلية بارتفاع مستوى الوضوح، وقد أدى ذلك الاعتقاد إلى نشأة عدد من التحديات والمعوقات، التي حالت بين التخطيط بالسيناريو والواقع العملي؛ لذا فإننا سنحاول في النقاط التالية استعراض مزيج من التحديات والعقبات التي تواجه تطبيق التخطيط بالسيناريو، داخل المؤسسات والهيئات، سواء كانت من الناحية النظرية أو التطبيقية، مع محاولة وضع الحلول العملية للحد منها؛ ونلخصها في الآتي:

أولاً: التحديات النظرية

- قلة الأدبيات العربية عن مفهوم تطبيق التخطيط بالسيناريو وآليَّاته

تنوعت الأدبيات النظرية والدراسات البحثية -منذ بداية الثمانينيات من القرن العشرين- عن منهجية السيناريوهات، وقد أسهمت المكتبة العربية بعدد من الدراسات البحثية عن منهجية السيناريو، إلا أن حجم هذه الأبحاث لا يتماشى مع الحاجة المُلحَّة لتطبيق منهج التخطيط بالسيناريو في المؤسسات والقطاعات المختلفة، «وقد أدى ذلك إلى خلط مفاهيمي بين السيناريو، والتبصُّر، والتنبؤ، والتوقع، والتخيُّل، تسبب في النهاية في خلق صورة مشوهة عن منهجية التخطيط بالسيناريو» (Michel Godet, 1996, pp. 164-171)؛ وهو ما أعاق انتشارها وتطوُّرها. ولعل تشجيع الدولة للكُتَّاب والباحثين على خوض غِمار الدراسات المستقبلية، سيدعم -وبقوة- المكتبة العربية بالدراسات المطلوبة عن تعميم ثقافة التخطيط بالسيناريو.

- غياب الأُطُر المؤسسية المتعلقة بالتخطيط بالسيناريو

شَغَلَ تَسارُع الأحداث الراهنة المؤسسات العربية عن الاهتمام بشؤون المستقبل أو تحديد السيناريوهات المستقبلية (عبدالفتاح، ص 426)،

ويرجع ذلك إلى عدة أسباب، يأتي على رأسها خروج التخطيط بالسيناريو من رحم المؤسسات العسكرية، واقتصاره على الشركات متعددة الجنسية؛ إذ تحتكر ثلثي الدراسات المستقبلية، مقابل ثلث واحد يوزَّع على سائر المجالات الأخرى. ويمكن أن تعزز المؤسسات ثقافة التخطيط بالسيناريو بعدة طرق، أهمها:

- طرح الإدارة العليا لدورات توعوية ممنهجة داخل المؤسسات، تدور حول مفهوم التخطيط بالسيناريو، وأهميته، ودوره في إحداث ميزة تنافسية.
- التعرف إلى أهم الشركات التي استخدمت تقنية التخطيط بالسيناريو، وكيف ساعدها ذلك على تحقيق الأداء المؤسسي المعياري.
- التبني التدريجي للتخطيط بالسيناريو، وإحلاله رويدًا رويدًا ليكون بديلًا عن التخطيط التقليدي.

ثانيًا: التحديات التطبيقية

- عدم ملاءمة التخطيط بالسيناريو للأنظمة الإدارية البسيطة (Lindgren & Bandhold, 2003, p. 30)

يزعم البعض أن هناك تعارضًا كبيرًا بين التخطيط بالسيناريو والأنظمة الإدارية التي تعتمد على الإدارة من أعلى إلى أسفل، أو التي يقتصر التخطيط فيها على المستويات العليا من الإدارة؛ وذلك لشمولية منهج التخطيط بالسيناريو وتعقيده وعدم إيمانه بأن هناك إجابة واحدة صحيحة عن كل سؤال، أو إجابة واحدة عن المستقبل، على عكس الطرق التقليدية في التخطيط. وللتغلب على هذه الظاهرة؛ فإننا نوصي بضرورة تبسيط خطوات التخطيط بالسيناريو ومراحله؛ لتتناسب مع حجم المؤسسات المتوسطة والصغيرة.

- صعوبة جمع المعلومات، والقيود التي تُفرض على تداوُلها وتدفُّقها (منصور، 2009، ص 50)

يستند تحديد المسارات المحتملة -بالأساس- إلى قاعدة معلومات دقيقة، تؤمِّن الطريق إلى تحديد السيناريو المرغوب فيه بدقة. وصعوبة الوصول إلى هذه المعلومات أو حجبها يشكِّل عائقًا كبيرًا أمام تقدم التخطيط بالسيناريو؛ لذلك يجب أن يكون هناك تنسيق بين جميع الجهات والمؤسسات، يضمن تبادل المعلومات والبيانات لخدمة استشراف المستقبل.

- عدم اهتمام الإدارة بالتخطيط بالسيناريو (Spence, 2014)

يرجع ذلك إلى عدة أسباب، أهمها: سرعة تغير الإدارة، التي تجعل القائمين على التخطيط لا يفضلون التخطيط بالسيناريو، ويعتمدون على بدائل أخرى تفي بالغرض وتضمن لهم نجاحات سريعة؛ نتيجة اعتقادهم بأن التخطيط بالسيناريو يستهلك الكثير من الوقت في عملية الإعداد والتجهيز للسيناريوهات المستقبلية، والتي -حتمًا- لن يستفيد منها المدير الحالي خلال فترة إدارته؛ كما يُعدُّ نقص الدعم الكافي للإدارة -عند تنفيذ التخطيط بالسيناريو، وغياب الإجراءات الفعلية لتطبيقه لدى المؤسسات- من أهم معوِّقات تطبيقه داخل المؤسسات؛ ولذلك يجب أن تُشكَّل لجنة رقابية داخلية، تشرف على تنفيذ السيناريوهات وتقويمِها، وأن تكون منفصلة عن الإدارة العليا، ولا تُحلُّ بِحَلِّ الإدارة العليا أو تغييرها؛ وذلك لضمان سير المنظمة وفق سيناريو استراتيجي يحقق أهدافها، وضمان النَّأي بالمؤسسة عن أي أهداف شخصية.

الفصل الرابع

تجارِب ملهمة
في تطبيق التخطيط بالسيناريو

شركة شل Shell وحجر الأساس

«تقنية السيناريو أكثر فاعلية في تحفيز الناس على التفكير بشأن المستقبل من أساليب التنبؤ التقليدية»

(أندريه برنارد)[1]

تُعدُّ شركة شل ثاني أكبر شركة طاقة خاصة في العالم، يقع مقرها في هيوستن، في الولايات المتحدة الأمريكية، وهي تابعة لشركة النفط) رويال داتش شل (Royal Dutch Shell المتعددة الجنسيات، ذات الأصول البريطانية الهولندية. تأسست عام 1912م وكان السائد في هذه الفترة هو نظام التخطيط الذي يعتمد على التنبؤ؛ ثم التحكم في المستقبل القريب؛ مما أدى إلى عرقلة مسيرة شل؛ لذا سعى فريق التطوير إلى ابتكار تقنية جديدة، تسمى آلية التخطيط الموحد Unified Planning Machinery (UPM)؛ كي يتمكنوا من التخطيط لسلسلة كاملة من النشاط، بداية من استخراج النفط من باطن الأرض، وحتى بيعه في محطات البنزين. ولكن بسبب قلة المدى الزمني، أدرك بيير واك Pierre Wack صعوبة ملاءمة هذا النوع من التخطيط لقطاع البترول؛ فبدأ التعاون مع فريقه في إعداد تصور للعام 2000م، كشف بواسطته أن المجتمع الخالي من المفاجآت لن يستمر، وأن هناك تحولات في مسار إنتاج الطاقة، وسعى إلى دراسة القوى المحركة لبيئة قطاع الأعمال، وانطلق بيير واك Pierre Wack وفريقه من نقطة القضايا والمعلومات التي تهم صناع القرار،

---

(1) كتاب: السيناريو فن الحوار الاستراتيجي، ص 35.

والعناصرِ البيئية التي يمكن التنبؤ بها وتؤثر في النظام، وعرضها في صورة منطقية؛ من أجل الوصول إلى السيناريو المتوقع (Ringland, 2005).

خطوات بيير واك Pierre Wack لبناء سيناريو أزمة الطاقة

- حاول بيير واك Pierre Wack وضع التصورات المستقبلية لسعر البترول الخام، عن طريق دراسة المحرك الأساسي لتغير السعر، وكلّ ما يتعلق بقضية العرض والطلب. لم يكن التنبؤ بالطلب في ذاك الوقت أمرًا صعبًا؛ فقد كانت معدلات زيادة الطلب تتزايد منذ الحرب العالمية الثانية بمعدل 6٪ تقريبًا، وإنما كانت المشكلة الحقيقية التي واجهت فريق العمل تتعلق بالتصورات المستقبلية عن العرض.
- سلَّط فريق العمل الأنظار نحو الشرق الأوسط، بصفته صاحبَ الاحتياطي الضخم من الخام، وصاحبَ القرار الفعلي في كميات الإنتاج المقدمة لشركات البترول في أنحاء العالم، وتوصلوا إلى أن وفرة مخزون البترول المدفون وإمكانية استخراجه تسهلان عملية التنبؤ بالعرض، إلا أن بيير واك Pierre Wack كانت له نظرة أبعد، ليذكر أن المتحكِّم الفعلي في حجم الإنتاج هم أصحاب القرار في الشرق الأوسط.
- وضع بيير واك Pierre Wack وفريقه -في أواخر الستينيات- السيناريو المحتمل، وأطلقوا عليه (سيناريو أزمة الطاقة)، بعد فشلهم في التنبؤ بسياسات الحكومات المنتجة للبترول في تزويدهم بالبترول من عدمه، وللوصول إلى نتيجة إيجابية؛ رصد الفريق التطورات التي قد تحدث في الشرق الأوسط.
- رحبت شركة شل بالسيناريو المطروح من بيير واك Pierre Wack وفريقه، واتخذت عددًا من القرارات الاستراتيجية، كان أهمها: تغيير

سياساتها الاستراتيجية وتجنُّب الاستثمار في حقول نفطية جديدة، والاهتمام بجودة المنتج الحالي.

- تأكدت شركة شل من مصداقية سيناريو أزمة الطاقة، أثناء أحداث أكتوبر 1973م، وقام مسؤولوها بتعديل مسار استثماراتهم؛ من التوسع في القدرة الإنتاجية، إلى رفع جودة منتجات التكرير.
- زاد عرض منتجات تكرير البترول؛ بسبب حالة الجمود التي اجتاحت الصناعة وقتها؛ مما ساعد شل على احتلال الصدارة، وتجنب الأزمة، واقتناء أصول جديدة بأسعار بسيطة؛ بفضل تبنيها المبكر لسياسات بديلة.
- بدأ مخطِّطو شل -في أواخر الثمانينيات من القرن الماضي- البحث عن طرق لدمج تخطيط السيناريو على نحو أوثق في الدورة السنوية للتخطيط الاستراتيجي، وتخطيط الأعمال ضمن نظام تخطيط المجموعة، وكذلك جعله أكثر أهمية للمديرين التنفيذيين.
- ركزت منهجية التخطيط في شل على دعم اتخاذ القرار، بتوليد سيناريوهات مختلفة، تشمل التركيز على المعلومات والقضايا المتعلقة بصناعة القرار، وحصْرَ كل العوامل والقوى المحركة للبيئة، وتحديد العوامل التي تتمتع بدرجة غموض وتأثير عالييْن، ومتابعة المفاجآت والتغيرات التي قد تحدث في المستقبل.

الخطوط الجوية البريطانية British Airlines ورحلة الصعود (Moyer, 1996)

بداية النهاية للتخطيط التقليدي

أصابت حرب الخليج الأولى 1980م حركة الطيران التجاري في مَقتل، بحجم خسائر قُدرت بحوالي 10 مليارات جنيه إسترليني، فاقت مجموع أرباح شركات الطيران جميعها منذ بداية الطيران التجاري عام 1947م، ومع ذلك استطاعت خطوط الطيران البريطانية أن تَخرج من هذه الأزمة بأقل خسائرَ ممكنة؛ كونها واحدة من أكبر شركات الطيران على مستوى العالم، فقد بلغ عدد موظفيها -آنذاك- 53 ألف موظف حول العالم، ونقلت ما يعادل 36 مليون راكب إلى 194 وجهة في 82 دولة في عام 1994م. وعلى الرغم من ذلك، فقد أدركت مبكرًا أن الخطط الاستراتيجية الحالية -آنذاك- قد لا تتناسب مع التغيرات السريعة لأحداث المستقبل، وأن نجاحها في تجنب الأزمة الحالية لا يعني نجاحها في المستقبل، ولكن كيف يكون ذلك؟ وكيف تُوجَّه أنظار المديرين إلى التخطيط بعيد الأمد المعتمدِ على مسارات مختلفة؟ وكيف تُواجَه الأفكارُ التخطيطية التي تميل إلى العمل على أساس استقرار المستقبل وعدم تغيُّره؟ وكيف تُقتحَم منطقة الغموض في المستقبل، وتُستكشَف الأوضاع المستقبلية؛ ليتمكن المخطِّطون من وضع خطة استراتيجية أكثر ملاءمة للوضع؟ كل هذه تساؤلات دارت في ذهن رئيس الخبراء الاستراتيجيين، قبل طرحه فكرة تجربة التخطيط بالسيناريو بصفته أداة للتخطيط في الفترة المقبلة.

تغيُّر المسار

طرحت رئيسة الخبراء الاقتصاديين (دِيان جوليس Deanne Julius) منهجية السيناريو على اجتماع رؤساء اللجنة، في فبراير من عام 1994م؛ لتكون بديلًا أكثر مرونة مع متغيرات البيئة الخارجية، ومناطق الغموض وعدم التأكُّد في المستقبل. ولعدم تيقنها من فاعلية منهجية التخطيط بالسيناريو؛ اقترحت أن تكون بمنزلة تجربة؛ لمعرفة مدى ملاءمة تطبيق أسلوب السيناريو مع الشركة، ولإيجاد طريقة تربط بين السيناريو وخطة العمل الاستراتيجية والتشغيلية؛ للإسهام في تبني رؤى بعيدة المدى، بالإضافة إلى ابتكار أداة تطوير الاستراتيجيات والسياسات واختبارها، في ضوء عدم اليقين السائد بشأن أحوال المستقبل؛ وللوصول إلى ذلك، قسمت ديان جوليس التمرين إلى مرحلتين:

المرحلة الأولى: تطوير السيناريو

- تعيين فريق العمل: تشكلت لجنة من الإدارة الاستراتيجية، تكونت من 8 أعضاء، بقيادة رئيسة الخبراء الاقتصاديين ديان جوليس Deanne Julius، واستغرق العمل تقريبًا 7 أشهر متصلة، بِما يعادل سنتين من العمل.
- اختيار فريق المتطوعين: فريق مكون من 14 فردًا من المديرين وكبار المسؤولين، أطلقوا عليه (مجموعة هلو Halo Group)؛ للاستفادة منهم في توجيه الدعم والتوجيه عقب الانتهاء من كل مهمة، بالإضافة إلى ممثلي الحكومة، والأكاديميين، ومُصنعي الطائرات، والخبراء المختصين بمجال التسويق.
- تحديد المتغيرات الخارجية المهمة التي تواجه شركة الطيران: عن طريق أكثر من 40 مقابلة فردية مع المديرين في جميع أنحاء الخطوط الجوية البريطانية، امتدت كل منها إلى ساعتين.

- عقد الاجتماعات السرية: مع ممثلي الحكومة والأكاديميين ومصنعي الطائرات والمختصين؛ للحصول على إجابات دقيقة عن الأسئلة المتفق عليها من فريق العمل؛ ليـجمعوا أكبر قدر من المعلومات الدقيقة؛ حتى تتشكل لدى فريق التطوير صورة كاملة عن المستقبل.
- إجراء مقابلات جماعية: وصل عددها إلى خمس مقابلات مع متخصصين، تناولت موضوعات، مثل: تقنية المعلومات، وتنظيم النقل الجوي، بالإضافة إلى العديد من المقابلات مع الأكاديميين والمسؤولين الحكوميين ومصنعي الطائرات.
- استطاع فريق التطوير تسليط الضوء على منطقة المجهول في المستقبل، وتشكيل صورة مبدئية عن المستقبل الرسمي، بالاستفادة من افتراضات مديري خطوط الطيران.
- تحديد المتغيرات الخارجية وتصنيفها: النمو السكاني (يمكن التنبؤ به)، وتحديد شركات الطيران (أوجُه عدم اليقين والتأثير العالي)، والتغيرات في تكنولوجيا المعلومات (القوى الدافعة).
- اعتمدت مجموعة هلو Halo Group المستقبل الافتراضي وقَبِلت أجندة النتائج الأولية لفريق التطوير.
- تطوير الفريق لقصص معقولة عن تطورات الأحداث المحتملة، واستكشاف العلاقات والتشابكات بين المتغيرات، وقد تطلب ذلك فهمًا عميقًا لكل القضايا، والاستعانة بالخبراء والمختصين لتطوير الحجج والأدلة.
- مشاركة ثلاثة من أعضاء التطوير في رسم مُسوَّدات لقصص السيناريو، والقيام بعمليات التطوير والتحسين، وفق تعديلات باقي أعضاء الفريق واقتراحاتهم؛ لتحقيق معايير صناعة السيناريو.
- تكليف متعاون خارجي بكتابة السيناريو النهائي، ثم اعتمدته مجموعة هلو Halo Group.

- انتهاء المرحلة الأولى بطباعة 2000 نسخة من السيناريو، بميزانية تجاوزت 10 آلاف جنيه إسترليني، بالتعاون مع مصممين ومصورين محترفين.

المرحلة الثانية: ورش العمل

- ترأس رود مودل Rod Muddle، رئيس قسم التخطيط في الشركة، بالتعاون مع خمسة أعضاء، مرحلة ورش عمل السيناريو؛ لتسهيل مهمة تصميم مرحلة الورش وإدارتها. استغرقت عملية تجهيز الورشة وتسويقها ما يقارب شهرين، منذ بداية يونيو إلى بداية أغسطس 1994م، إلى أن بدأ التدريب خلال شهري أغسطس وسبتمبر، ثم تلَتها أربع ورش عمل تجريبية خلال شهر أكتوبر من العام نفسه؛ بهدف توفير فرصة للمشاركين لسماع السيناريوهات المطروحة ومناقشتها، وتوفير إطار منظم لاختبار الاستراتيجيات الحالية، أو تطوير استراتيجيات جديدة، كما هو مبين في الشكل رقم (3).

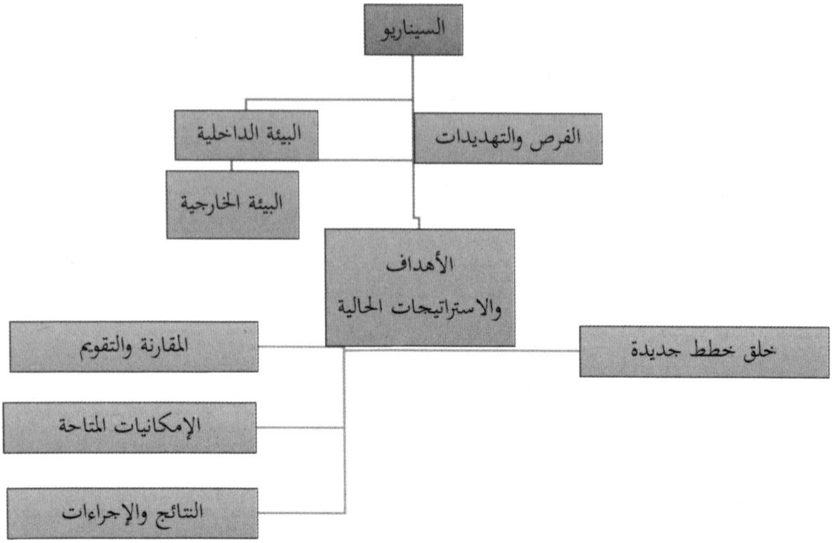

رسم توضيحي 17، ورشة عمل السيناريوهات العالمية

المصدر: Gill Ringland, (2005) Scenario Planning Managing the Future, John Wiley & Sons Chichester. New York. Weinhelm - Brisbane. Singapore – Toronto Library of Congress Cataloging.

- سعت جلسات العصف الذهني إلى توليد أفكار استراتيجية جديدة لكل سيناريو، ثم تطوير الأفكار الأكثر قيمة وتلخيصها في بيانات استراتيجية مفيدة، بالإضافة إلى إجراء اختبار قوة الاستراتيجية ومتانتها؛ لأخذ قرار حاسم: إما باستبدالها، أو تطويرها. استغرقت كل ورشة من 4 إلى 5 أيام عمل، بما في ذلك التحضير والكتابة، ويمكن تلخيص أهم مخرجات ورش العمل في النقاط التالية:
- استهدفت الورش المديرين وكبار المسؤولين عن وضع الخطط الاستراتيجية بصفتهم عملاءَ محتملين، وقابلتهم من أجل وصف عملية التخطيط بالسيناريو وشرح أهميته، وأعطتهم الأولوية في حضور الورشة.
- ركَّزت المخرجات النهائية للسيناريو على معرفة القدرات المطلوبة،

والإجراءات التي يجب القيام بها في الاستراتيجية المستقبلية.

- شُرحت منهجية التخطيط بالسيناريو للمشاركين بأسلوب مبسط، وعُرضت الفوائد والمميزات.
- نُظِّمت اجتماعات فردية مع المشاركين؛ من أجل تحديد الأهداف والموافقة عليها، ومساعدتهم على تحديد استراتيجيتهم الحقيقية، وكذلك كان التنظيم من أجل إرسال الدعوات، وتنظيم المكان وتهيئته، وتنسيق أعضاء فريق السيناريو.
- أسهمت خبرة كبيرةِ الاقتصاديينَ ديان جوليس Deanne Julius والمستشارة الخارجية باربرا هاينزين Barbara Heinzen في تطوير السيناريوهات وتنفيذها؛ من حيث تقديم تعريف واضح للمشروع، وتحديد المسؤوليات والمواعيد النهائية، وإضفاء نوع من الثقة والمصداقية على مشروع السيناريو.
- استُخدمت ورش عمل السيناريوهات بنجاح، بصفتها أداة لإعلام مجموعات -مثل: النقابات العمالية، والإدارة في خطوط كانتاس الجوية- بالقضايا الخارجية التي أثرت في خطة عمل الخطوط الجوية البريطانية.
- نجحت ورش عمل السيناريو في ربط الاستراتيجية بمستويات الإدارة المختلفة.

أعمال جانبية للمتعاونين

- إدارة جوانب ورشة العمل كلها (إدارة الوقت، وتحدي التفكير الحالي، وتشجيع المناقشات المفتوحة، وإرسال الدعوات، وتنظيم المكان، والتنسيق مع أعضاء فريق السيناريو الآخرين، وتسجيل الأفكار).
- مقابلة المشاركين في عملية التخطيط، والاتفاق على الأهداف، ومناقشة

المستجدات، وتسجيل الملاحظات، وتوضيح استراتيجيتهم الحالية.

- طباعة جميع الملاحظات وإرسالها، في غضون أسبوع واحد من ورشة العمل، إلى فريق التطوير.
- استخراج موضوعات مشتركة ذات أهمية مؤسسية، ورسمها، ومناقشتها، وتحديد أولوياتها، واتخاذ إجراءات بشأنها في اجتماعات الاستراتيجية الفصلية لمدير إدارة المجموعة.
- تعديل العرض الأساسي، وتسوية القصص المقدمة من فريق تطوير السيناريو؛ كي تتناسب مع تركيز الفئة المستهدفة، وتنسيق المبادرات الاستراتيجية للشركة، وربطها بعملية تخطيط الأعمال.

- بلغ عدد جلسات العصف الذهني 28 جلسة، بالإضافة إلى 20 عرضًا تقديميًا.
- لم تتوقف مجموعة هلو Halo Group عن الدعم المتواصل؛ إذ كانت تتابع فريق الورشة أولًا بأول؛ فكان لهم الدور الأكبر في الموافقة على المشاركين في الورشة، وكانت لهم أيضًا الأسبقية في المشاركة في ورشة العمل وترشيحها لعدد من الزملاء في إدارتهم.
- قدم أعضاء Halo Group ملاحظات قيمة وأمثلة عملية مبتكرة، للسيناريوهات التي تحفِّز التفكير الاستراتيجي الجديد، وقد استخدمها المتعاونون عند التحدث مع العملاء المحتملين لورشة العمل.

أخطاء وقع فيها فريق التخطيط

- قلة خبرة فريق العمل بتقنية السيناريو أدت إلى انشغالهم بقضايا أخرى فرعية، أثرت في مستوى تقدمهم، وتعاملوا معها بالاستعانة بمتعاونين خارجيين في بعض الأعمال.
- عدم تقدير الوقت الكافي لعملية تطوير قصص معقولة للسيناريو

المستقبلي، وتُغُلِّب عليه برفع الهمة وتكثيف ساعات العمل.

- تجاوُز مرحلة التطوير الفترة المحددة لها؛ مما أدى إلى تقليل الوقت المتاح لمقدمي العروض ليصبحوا مُلِمين بجميع تفاصيل القصة، قبل بدء برنامج ورشة العمل.
- تأخُّر مرحلة جمع البيانات؛ بسبب عدم تعيين محلِّل إحصائي بدوام كامل.
- انتقال بعض أعضاء فريق السيناريو إلى مشروعات أخرى، دون تعيين بُدَلاء؛ مما أدى إلى عرقلة التقدم.
- صعوبة تغطية فريق التطوير لأغلب المواقع المحددة؛ مما تسبب في قلة رضاه عن النتائج.
- زيادة عدد المشاركين في الورشة عن المقرر لها (7-10مشاركين)؛ مما أدى إلى نجاح عدد قليل من الورش التي تتكون من 20 مشاركًا.
- نظرة بعض المشاركين إلى تعقيد منهجية السيناريو، وتعامُل فريق العمل معها بمحاولة ربط الأحداث الحالية بمجريات السيناريو.
- عدم كفاية يوم واحد لتغطية مراحل السيناريو كافة.
- صعوبة إيجاد مكان مناسب لعقد الورشة.

السيناريوهات والمسؤولية المجتمعية مع إلكترولوكس

إلكترولوكس Electrolux واحدة من رائدات الشركات التي استخدمت التخطيط بالسيناريو. تأسست عام 1919م في ستوكهولم في السويد. استحوذت القضايا البيئية على اهتمامها، وبدأت التعامل معها بطريقتين، الأولى: التعامل مع حالات عدم التأكُّد قصيرة المدى، والثانية: فهم الاتجاهات بعيدة المدى، وبِناءً على ذلك، طلبت الإدارة من فريق الشؤون البيئية زيادة الوعي حول هذه الاتجاهات والاستراتيجيات؛ للتعامل مع القضايا البيئية المرتبطة ببيئة العمل داخل الشركة. دخلت القضايا البيئية بسرعة ضمن مراحل التفكير الاستراتيجي لبيئة العمل، وساعد السيناريو على رسم صورة واضحة لِما يحدث في السوق وبيئة الأعمال التي أثرت في مجموعات المنتجات. بدأت إدارة إلكترولوكس استقراء الأدبيات النظرية المتاحة عن عملية التخطيط بالسيناريو، وتناقشت مع جراهام جالير Graham Galer -مدير التخطيط الاستراتيجي السابق في شل- للاستفادة من تجربة شل في تطبيق التخطيط بالسيناريو، كما طُوِّرت منهجية السيناريو، التي أطلقوا عليها (برنامج التغيير البيئي ECP Environmental Change Programme)، باستخدام الخبرات الداخلية وخدمات الشريك الأكاديمي في (معهد جوتنبرج للأبحاث Gothenburg Research Institute)، والاستشارات الإدارية؛ ليتوصلوا في نهاية الأمر إلى ضرورة تبني استراتيجيات جديدة، تركز على القضايا البيئية، وإلى ضرورة دراسة تأثير الاستراتيجية الحالية في الأوضاع المستقبلية.

بناء السيناريوهات واستخدامها

- استغرقت عملية بناء السيناريوهات حوالي ثلاثة أشهر، أُنجِز خلالها جمع دقيق للبيانات، وإجراء المقابلات مع الموردين والعملاء والمنظمات البيئية.
- طُوِّرت السيناريوهات، بواسطة فريق أساسي مكون من 4 إلى 5 أشخاص من الشؤون البيئية.
- انتهت هذه المرحلة بعملية عصف ذهني، عن طريق عرض تقديمي للبيانات، مقدَّم إلى فريق التطوير المكون من خمسة عشر شخصًا.
- بدأ العرض بأهم الأنشطة التي تتضمن المتغيراتِ الحرِجةَ، جنبًا إلى جنب مع القضايا والاحتياجات البيئية، ثم تبعته شريحة تتضمن أهم الجوانب الأساسية في كل سيناريو.
- قُسِّم فريق العمل إلى ثلاث مجموعات؛ للبحث عن السيناريو المختلف بين هذه السيناريوهات.
- طُلب من كل مجموعة أن تفكر فيما ستفعله لو كانت تعمل في إلكترولوكس، وأُسنِد إليها تحويل هذا السيناريو إلى حقيقة في غضون 10 سنوات.
- بعد تقديم كل فريق أفكارَه إلى المجموعات الأخرى، طُلب من كل مجموعة التفكير في الاستراتيجيات التي يمكن -أو يجب- وضعها على أي حال.
- اتفقت فرق الإدارة على أن معظم الاستراتيجيات ستكون جيدة للتنفيذ، حتى لو لم تتحقق السيناريوهات.
- تبلور الهيكل الخارجي للسيناريو بواسطة الإضافات النوعية للخبراء والمختصين.
- طُوِّرت 3 سيناريوهات على النحو التالي:

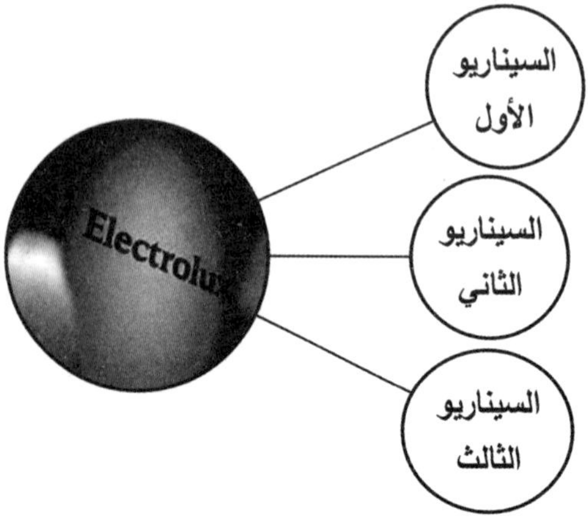

- وقت الصيف والتعامل مع الاحترار العالمي بفرض قوانين صارمة على استخدام الوقود الأحفوري ورفع أسعار الطاقة.
- التركيز على تعاطي السموم.
- الخضرة والتركيز على إعادة استخدام المواد وتدويرها.

رسم توضيحي 18، سيناريوهات إلكترولوكس

المصدر: إعداد المؤلف

النتائج

تأثرت إدارة إلكترولوكس كثيرًا بالسيناريوهات المطروحة في عملية توسيع التفكير الاستراتيجي، وتعميق النظر تجاه أعمال التنظيف التجارية التي تقوم بها؛ إذ أدركت القيمة العظيمة التي يمكن أن تقدمَها، وأصبح التركيز على الخدمة عِوَضًا عن التركيز على الاستخدام التقليدي للمنتجات، وبات المورد قادرًا على إعادة استخدام المواد أو جزء من المنتج؛ كذلك تطورت الفكرة إلى أن صارت بيع خدمة للعميل وليست مجرد بيع منتج. ويمكن مقارنة ذلك بمخطط ناجح طوَّرتْه (رانك زيروكس (Rank Xerox لتأجير الناسخ الضوئي مع الخدمة الكاملة، والضمان، والشحن، استنادًا إلى عدد النسخ الناتجة، بدلاً من بيع آلة ناسخة فقط. استمرت عملية التخطيط بالسيناريو في إلكترولوكس، وأصبحت تستخدم من 25٪ من خطوط الإنتاج، بأقل وقت وجهد في جمع البيانات وتحليلها؛ للوصول إلى المزيد من السيناريوهات؛

من أجل تحقيق أفضل أداء مؤسسي، والوصول إلى رضا العملاء المطلوب، والتنبؤِ باحتياجاتهم المستقبلية، واتخاذ الخطوات اللازمة للتعامل معها؛ إلى أن أصبحت إلكترولكس الآن تبيع أكثر من 60 مليون منتج سنويًّا، فيما يزيد عن 150 سوقًا عالميًّا.

الصين وبناء المستقبل

تُعدُّ تجربة الصين من أولى التجارب الرائدة في مجال التخطيط للمستقبل بعيد المدى في مجالات الحياة كافة؛ لكونها التجربة الاقتصاديةَ الأبرز على الساحة العالمية، ولعل الغرض من عرض تجربتها يكمُن في محاولة إلقاء الضوء على الاتجاهات المستقبلية التي قد تؤثر في المشروعات؛ لتهيئتها لأحداث المستقبل المحتمل وبناء سيناريوهات استراتيجية أكثر وضوحًا. وسنحاول في هذه التجربة التطرق إلى جميع المحركات الدافعة التي تسعى الصين إلى السيطرة عليها.

البداية

حكمت الصين عوالم البحار والمحيطات برحلات استكشاف وفتوحات عظيمة، بأسطول ضخم تجاوز 400 سفينة، قبل ظهور مكتشف الأمريكتين (كريستوفر كولومبوس) بعدة قرون (هيرن، 2011)، لكن سرعان ما توقفت هذه الفتوحات، بقرار من الإمبراطور بمنع تشييد سفن جديدة، ومصادرة السفن عابرة المحيطات من مُلاكها؛ ويُرجع المؤرِّخون ذلك التغير المفاجئ في سياسات الصين، إلى الخوف من تهديدات المغول للإمبراطورية الصينية من ناحية الشمال. فاكتفت الصين بحماية حدودها وإنتاج ما تحتاج إليه، وانغلقت على نفسِها، في الوقت الذي بدأت فيه إنجلترا وهولندا استكشاف المحيطات الأخرى. ولربما كان ذلك الانغلاقُ هو السبب الأكبر في تعرُّض الصين إلى سلسلة هزائم متتالية من بريطانيا واليابان، انتهت بسيطرة الأخيرة على جزء من الأراضي الصينية، وصولًا إلى التدخُّل الأمريكي والأوربي

بداية القرن العشرين، الذي أدى إلى فقدان الإمبراطورية الصينية لهيمنتها ومكانتها في آسيا، الأمر الذي دفع (ماو تسي تونج) إلى مواجهة الجيش النظامي؛ للسيطرة على الحكم، وإعلان الجمهورية الصينية الشعبية عام 1949م، بعد سلسلة من الحروب الأهلية ضد الجيش النظامي. وعلى الرغم من شعبية ماو الكبيرة، ومحاولاته الإصلاحية في مجالات الزراعة والصناعة، فقد أدار البلاد بسياسات فاشلة، وتسبب في كوارثَ بشريةٍ ومادية هائلة، نتج عنها تأخُّر الصين كثيرًا عن الركب الاقتصادي، إلى أن جاء (دنج) في مقتبل عام 1978م، بنظرته الواضحة إلى المستقبل، ومراهنته -منذ اللحظة الأولى- على دور الإصلاحات الاقتصادية في عودة الهيمنة الصينية من جديد؛ فدعا إلى ضرورة تكثيف الإنتاج الزراعي والصناعي، والاهتمامِ بالجوانب العلمية والتكنولوجية. ولعل استحواذ الطلاب الصينيين على أماكن الدراسة داخل الدول المتقدمة، خير دليل على وضوح الرؤية المستقبلية للإمبراطورية الصينية؛ فمن حاز المعرفة لم يحتَجْ سوى بعض الوقت لسيادة العالم.

تعديل المسار، ورغبة الصين في فرض سيطرتها على العالم

عاشت الصين حقبة زمنية كبيرة في ازدهار وتقدم، في مختلف المجالات والعلوم، إلا أنها تعرضت لنكبات وانحدارات شديدة، هزت مكانتها وسطوتها على آسيا، في منتصف القرن التاسع عشر. وزادت الاضطرابات الصينية، بتعرُّض أجزاء منها للاحتلال على يد اليابان، وإصابة شعبها بالمجاعات، بالإضافة إلى وطأة الاستغلال والظلم اللذين تعرضت لهما من الدول العظمى، وإنشائها -أي الدول العظمى- ميناء في شنغهاي؛ لتسهيل التبادل التجاري فيما بينها، رغمًا عن إرادة الصين، وفرض حكم دولي على الصين، رغم الاستقلال المحلي لمدينة شنغهاي (فشمن، 2009). وعلى الرغم مما تشهده الصين الآن من هيمنة اقتصادية على أغلب الصناعات، فإنها لا تنسى

الجراح العظيمة التي أحدثها الأوربيون يومًا ما في حضارتها العريقة، ولعل أهم الأسبابِ الواضحة لمحاولات الصين السيطرة على العالم، تتمثل في رغبة الإدارة الصينية في قيادة التحول التاريخي في الاقتصاد العالمي، ووضع الصين في رِكاب الدول العظمى، وتحقيق الحُلم الصيني القديم برجوع الإمبراطورية الصينية القوية. وخلال فترة وجيزة من العمل، استطاعت الصين أن تحقق النبوءة القديمة بأنها ستصبح مركزًا للتجارة والصناعة العالمية، وقد ثبت ذلك خلال توقُّف سلسلة الإمدادات الصينية والتصدير لدول العالم، خلال أزمة كوفيد 19، في بداية عام 2020م، التي أوقفت حركة التجارة في العالم أجمع.

السيناريو الصيني 2049م: من قوة اقتصادية إلى قوة عظمى

- سيناريو التعليم

«الصين ستتصدى للغرب بالعقول الأكاديمية الماهرة».

جورج بلوم[1]

تتبنى الصين استراتيجية واضحة في السيطرة على العالم عن طريق التعليم، وقد بدا ذلك واضحًا بعد احتلال الطلاب الصينيين لأعلى نسبة طلاب في أمريكا وألمانيا. ولعل تخصيص الصين لأكثر من نصف ميزانية التعليم لاثنتين من الجامعات الخاصة بالنُّخَب، يوحي برؤية الصين في بناء الكفاءات والقدرات العقلية، في سعيها إلى السيطرة على العالم؛ فقد سيطر خريجو هاتين الجامعتين على مجالات التكنولوجيا والطب الحيوي. ولم تقف رؤية الصين عند ذلك، بل جعلت من التعليم الصيني مصنعًا؛

(1) كتاب: أثر الصعود الصيني، ص 42.

لتأهيل طلابها للاستثمار وإدارة الأعمال؛ مما كان له أعظمُ الأثرِ في مستوى نمو الاقتصاد الصيني.

- سيناريو التجارة والاقتصاد

«لم يسبق لأي بلد أن قطع خطوات التنمية الاقتصادية دفعة واحدة بهذه المهارة، وليس ثمة بلد في العالم يتقن اللعبة الاقتصادية أكثر من الصين، ولم يهز بلدٌ هَرَم الاقتصاد العالمي كما هزته الصين».

تد سي. فشمن[1]

ستصاب بالدهشة حين تعلم أن الصين انضمت إلى منظمة التجارة العالمية عام 2001م، وخلال فترة وجيزة جدًّا استطاعت أن تتفوقَ على الجميع، وتصبحَ القوة الاقتصادية العظمى في العالم. وتسعى الصين إلى أن تكون محورًا للتجارة العالمية. وبحسب التنبؤات، فإن الصين ستتجاوز الاقتصاد الأمريكي بحلول عام 2029م، وتكون من أكثر الدول المتقدمة بحلول عام 2049م. ويعكس حجم صادرات الصين إلى الولايات المتحدة الأمريكية لعام 2018م -والتي تجاوزت 558 مليار دولار، مقابل 179 مليار دولار لصادرات الولايات المتحدة إلى الصين- مدى تفوُّق الاقتصاد الصيني وهيمنته على الاقتصاد العالمي. ولعل السؤال الأهم: كيف استطاعت الصين أن تحقق هذه النهضة الاقتصادية، وما رؤيتها المستقبلية؟

- ريادة الصين على جميع الدول في مجال التجسس لمراقبة الاتجاهات الاقتصادية
- تطوير الملاحة العالمية بواسطة الأقمار الصناعية في العالم.
- إطلاق نظام (بيدو BeiDou) للملاحة الصيني؛ مما ساهم في تعزيز الريادة الصينية في مجاليْ التقنيات الفضائية والاقتصاد الرقمي.

---

(1) كتاب: الصين شركة عملاقة، ص 9.

- تطوير قاعدة صناعية لا مثيل لها.
- استقطاب الشركات العالمية للاستثمار فيها؛ نظرًا لرخص العمالة.
- تعميق الروابط التجارية مع جميع الدول.
- إنفاق مئات المليارات لبناء الموانئ التي تربط الصين وباقي الدول.
- استقطاب جميع المصنعين من أنحاء العالم كافة.
- تطوير شبكات النقل البرية والسكك الحديدية الداخلية؛ لتنقل أكثر من مليار شخص.
- تبنِّي مبادرة الحزام والطريق لتطوير البنية التحتية في 68 دولة من الدول النامية والأوروبية.

● سيناريو القوة الناعمة

خلال السنوات الأخيرة، نجحت الصين في وضع اسمها من جديد في مصافِّ الدول المتقدمة، وحققت ثاني أكبر اقتصاد في العالم، وعلى الرغم من ذلك، فإنها تسعى إلى فرض هيمنة اجتماعية تستحوذ بها على العالم، ويمكن أن نلخص صُور القوة الناعمة لاستهداف الولاءات العالمية في النقاط التالية:

- الترويج للصين وثقافتها عن طريق الأفلام والمسلسلات.
- تقديم المنح لدراسة اللغة الصينية داخل جامعات الصين.
- إطلاق قنوات صينية ناطقة بالعديد من اللُّغات الحية، ومن بينها العربية.
- نشر الكفاءات الأكاديمية الصينية في أنحاء العالم.
- افتتاح أكثر من 500 معهد لتعليم اللغة الصينية في 140 دولة.
- منافسة البنك الدولي؛ عن طريق إطلاق البنك الآسيوي للاستثمار.

إشراقات إدارية عن أزمة كوفيد 19

2020 عام لن يُنسى!

تعرض العالم أجمع لخطر الإصابة بفيروس كوفيد 19، الذي أجبر الدول على الإغلاق التدريجي لجميع حدودها؛ لمحاولة التحكُّم في نِسب انتشاره وتقليلها إلى الحدِّ الأدنى. وقد تسببت هذه الأزمة في انكماش عالمي على عدة أصعدة: الاقتصاد، والاجتماع، والسياسة، وعلى الرغم من ذلك، فإنها جسدت حالة من التأهب والوعي لدى عدد من الدول، بالتخطيط المستقبلي ووضع البدائل الاستراتيجية. نحاول فيما يلي أن نرصد أفضل الممارسات الإدارية للدول؛ للاستفادة منها في تطوير خطة للطوارئ، ولتعميق النظر إلى الدراسات الاستشرافية؛ من أجل مستقبل أفضل للجميع.

- تايوان والتخطيط الاستباقي

ساعد الإدراك المبكر للأزمة العالمية المحتملة على التصدي لوباء كوفيد 19، نهاية ديسمبر من عام 2019م، وقبل أن يدرك العالم ماهية وباء كوفيد 19 ومدى خطورته، أرسلت تايوان طاقمًا طبيًّا إلى مدينة ووهان الصينية؛ لاستكشاف الأوضاع الصحية في الصين، والتعرُّف إلى الفيروس. وفور عودة الفريق الطبي، سبقت تايوان العالمَ أجمع باستراتيجية استباقية، توحي بأصالة التفكير الاستشرافي لقيادة تايوان، تلخصت في التالي:

- إشراف الدولة على إنتاج وتوزيع الكمامات الواقية والمستلزمات الطبية وحظر بيعها وتصديرها خارج البلاد.

- إغلاق الحدود مع الصين، وفرضت حظرًا على القادمين من بعض المدن الصينية مثل ووهان.
- تجميد حركة السفن السياحية الدولية عن طريق موانئ تايوان.
- استخدام التقنية الرقمية في تقديم الرعاية الصحية، ونشرت في كل ميادين تايوان آلات بيع الكمامات؛ كخطوة أساسية لفرض التباعد من أجل مواجهة كورونا.
- المراهنة على وعي الشعب، وإشراكه في التحمل المبكر للمسؤولية.
- الربط بين الوحدات الصحية وسجل بيانات المسافر، بعد أزمة سارس 2002م؛ لتسهيل عمليات المتابعة.
- طورت برنامجًا يمكِّن العائدين إلى تايوان من إرسال خط سَيْرهم إلى وحدات المراقبة الصحية.
- توصُّل الفريق البحثي إلى البروتين المكوِّن للجدار الخارجي لفيروس كوفيد 19، الذي يساعده على اختراق الخلايا.

- الصين والتقنية الرقمية

بعد فترة وجيزة من تصدير الصين لفيروس كوفيد 19 إلى العالم، استطاعت إحكام السيطرة عليه، وتطويقه، وسارعت إلى مدِّ يد العون إلى الدول التي تحتاج إلى رعاية، وشاركت سائرَ الدول تجربتَها في احتواء الوباء. ويمكن تلخيص تجربة الصين الرقمية في التعامل مع الأزمة الصحية في التالي:

- التجهيز المسبق للمستشفيات المتخصصة في هذا النوع من الأوبئة، بعد أزمة سارس 2002م.
- القبضة الأمنية القوية للصين على الشوارع والممرات، بواسطة كاميرات المراقبة والرادارات؛ مما يسَّر الرصد المبكِّر للحالات المشتبه فيها والمخالطين لها.

- امتلاك الصين لكمٍّ هائل من البيانات والمعلومات عن مواطنيها وحركة تنقلاتهم، وهو ما مكَّنها من توقع المصابين المحتملين.
- استخدام طيارات الدرون (طيارات دون طيار)؛ لمراقبة المخالفين لشروط العزل والإجراءات الاحترازية ورصدهم.
- استخدام الروبوت في متابعة الحالات المصابة والمشتبه فيها؛ للحد من انتقال العدوى.
- تشييد المستشفيات التخصصية لمواجهة الوباء، فقد استغرق وقت البناء والتجهيز 10 أيام تقريبًا.
- غرس المسؤولية المجتمعية وتشجيع المجتمع الصيني على التكاتف؛ للخروج من الأزمة.
- إغلاق كامل لغالبية المدن التي يظهر فيها الوباء للحد من انتشار المرض.
- إجراء الحكومة تعديلًا فوريًّا لطرق إدارة الشركات؛ لإعطاء الفرصة لجميع المستويات الإدارية بتقديم الحلول الابتكارية؛ لمواجهة حالة الركود الاقتصادي.

المراجع

أولًا: القرآن الكريم

ثانيًا: المراجع باللغة العربية

- ابن منظور، محمد بن مكرم، لسان العرب، دار صادر، بيروت، 2003م.
- ابن هشام، محمد بن عبد الملك بن هشام بن أيوب الحميري البصري، السيرة النبوية لابن هشام.
- أبو الحسن، علي بن محمد بن محمد، ابن الأثير الجزري عز الدين، الكامل في التاريخ، تاريخ ما قبل الهجرة، تحقيق أبي الفداء عبد الله القاضي، دار الكتب العلمية، ط1987 ،1م.
- أدوات استشراف المستقبل، وزارة شؤون مجلس الوزراء والمستقبل، دبي، الإمارات العربية المتحدة، الطبعة الأولى، 2017.
- الأغا، إحسان، ومحمود الأستاذ، مقدمة في تصميم البحث التربوي، ط2، غزة، مطبعة الرنتيسي للطباعة والنشر، 2000.
- أغوان، علي بشار، الدراسات المستقبلية: ضرورة مُلحَّة أم ترف فكري، دار ناشري للنشر الإلكتروني، 2011م.
- الأندلسي، علي بن أحمد بن سعيد بن حزم، الفصل في الملل والأهواء والنحل، تحقيق الدكتور محمد إبراهيم نصر والدكتور عبد الرحمن عميرة، دار الجيل، بيروت 1996 م.
- باسعد، نوال، إدارة الأزمات والتخطيط المستقبلي في السنة النبوية: الهجرة وبناء الدولة الإسلامية الأولى أنموذجًا، 2011م.

- البخاري، محمد بن إسماعيل بن إبراهيم بن المغيرة، صحيح البخاري، دار طوق النجاة، ط1422، 1هـ.
- بدوي، عبد الرحمن، مناهج البحث العلمي، الكويت، وكالة المطبوعات، ط1977، 3م.
- بربخ، تغريد، أثر خصائص المنظمة الساعية للتعلم في تخطيط السيناريو ودور التوجه الريادي: دراسة تطبيقية على شركات صناعة التأمين الأردنية، رسالة ماجستير، كلية الأعمال، جامعة الشرق الأوسط، 2010م.
- البشير، محمد بشير، أهمية استشراف المستقبل وضوابطه: دراسة تأصيلية في ضوء السنة النبوية، 2011م.
- البلولة، نرجس بابكر صديق، أثر الإدارة الاستراتيجية على الأداء المؤسسي: بالتطبيق على مؤسسة الخرطوم للتعليم الخاص (القبس) للفترة من 2008-2012، رسالة ماجستير، جامعة أم درمان الإسلامية، 2012م.
- بينك، دانيال إتش، عقل جديد متكامل، لماذا سيحكم المبدعون العالم، مكتبة جرير، ط 2010، 1م.
- الترمذي، محمد بن عيسى بن سَوْرة بن موسى بن الضحاك السلمي، سنن الترمذي.
- الثبيتي، جوير ماطر، منهج السيناريو عند ابن خلدون، وتطبيقاته في مجال الإدارة والتخطيط التربوي: دراسة تحليلية مقارنة.
- الجبوري، شروق جواد كاظم، تصميم وتقنين مقياس للتفكير مستنبط من القصص القرآني، 2013م.
- الجزري، عز الدين -ابن الأثير-، أُسْدُ الغابة في معرفة الصحابة، ط1، دار ابن حزم، بيروت، لبنان، 2012م.
- الجشعمي، نواف، دراسات استشراف المستقبل ودورها في دعم اتخاذ

القرار بدولة الإمارات العربية المتحدة، بالتركيز على أداة التخطيط بالسيناريو: دراسة ميدانية بمشاركة عينة من أعضاء الهيئة العلمية بجامعة الشارقة، 2017م.

- جعفر، يونس إبراهيم، أثر التخطيط الاستراتيجي في إدارة الأزمات، دراسة تطبيقية: المؤسسات العامة في منطقة ضواحي القدس، مجلة الأقصى، سلسلة العلوم الإنسانية، المجلد 21، العدد الأول 2017م.
- جمعة، علي إسحاق محمد، أثر الإدارة الاستراتيجية في الأداء المؤسسي: دراسة حالة منظمة الدعوة الإسلامية 2010-2015، رسالة دكتوراه، جامعة أم درمان الإسلامية، 2016م.
- الحدراوي، حامد كريم، ومحمد، منتظر جاسم، العلاقة التفاعلية بين عوامل نجاح تخطيط السيناريو الاستراتيجي ومؤشرات أدائه وأثرهما في الإدارة الفاعلة للأزمات، 2013م.
- الحليي، نواف، المنهج الاقتصادي في التخطيط لنبي الله يوسف عليه السلام، الطبعة الرابعة نسخة إلكترونية 1994م.
- حواش، جمال، سيناريو الأزمات بين النظرية والتطبيق، المؤسسة العربية للنشر والإعلام، القاهرة، 1999م.
- خميس، محمد، تصنيف السيناريوهات وإشكالية الفوضى النظرية في الاستشراف الحديث، المركز العربي للأبحاث ودراسة السياسات، قطر، 2017م.
- الدجني، إياد علي، دور التخطيط الاستراتيجي في جودة الأداء المؤسسي: دراسة وصفية تحليلية في الجامعات النظامية الفلسطينية، رسالة دكتوراه، كلية التربية، جامعة دمشق، 2011م.
- دي بونو، إدوارد، قبعات التفكير الست، المجمع الثقافي، أبو ظبي، ترجمة خليل الجبوسي، 2001م.

- الرازي، محمد بن أبي بكر بن عبد القادر، تحقيق: محمود خاطر، مختار الصحاح، الناشر: مكتبة لبنان ناشرون، بيروت، 1995م.
- رمضان، ياسر، التخطيط بالسيناريو وأثره في تطوير الأداء المؤسسي: القطاع الحكومي بدولة قطر أنموذجًا. ماليزيا: جامعة ملايا، كلية الدراسات الإسلامية، 2020م.
- رمضان، ياسر، السيناريوهات الاستراتيجية ودورها في تنمية المشروعات الصغيرة، القطاع الخاص في دولة قطر أنموذجًا، كلية إدارة الأعمال- جامعة أوتارا 2020م.
- رمضان، ياسر، التخطيط بالسيناريو في الفكر الإسلامي المعاصر، دراسة تأصيلية من منظور إداري، مجلة الدراسات الإسلامية والبحوث التخصصية، ماليزيا 2018م.
- زاهر، ضياء الدين، مقدمة في الدراسات المستقبلية: مفاهيم، وأساليب، وتطبيقات، سلسلة مستقبليات، الكتاب الأول، جامعة عين شمس، مركز الكتاب للنشر، الطبعة الأولى، 2004م.
- الزيات، إبراهيم مصطفى، وآخرون، مجمع اللغة العربية، المعجم الوسيط، الناشر: دار الدعوة للنشر والتوزيع بإسطنبول، تركيا 1989م.
- زيد، منير عبوي، سيكولوجية التقنيات الحديثة في إدارة الأزمات، دار الشروق للنشر والتوزيع، عمان 2012م.
- السريحي، حسن عواد، والنهاري، عبد العزيز، مقدمة في مناهج البحث العلمي، دار خلود، جدة، 2002م.
- سعداوي، محمد جمال جارحي، بناء السيناريو في ضوء الدراسات المستقبلية، رسالة ماجستير، كلية الفنون التطبيقية، جامعة دمياط، 2016م.

- السلمي، علي، تطوير أداء وتجديد المنظمات، القاهرة، دار قباء للنشر، 1998م.
- السامرائي، محمد صالح جواد محمد، أثر التخطيط النبوي في بناء المجتمع المدني، دار ابن حزم، بيروت، ط2002 ،1م.
- السن، عادل عبد العزيز، الاستشراف وبناء السيناريوهات، مؤتمر التخطيط الاستراتيجي للتفوق والتميز في المنظمات، المنظمة العربية للتنمية الإدارية، القاهرة، 2009م.
- شاهين، عبد الرحمن، استخدام أسلوب السيناريو وتطبيقاته في التخطيط التربوي، رسالة ماجستير، كلية التربية، جامعة أم القرى، 2003م.
- الشعراوي، محمد متولي، تفسير الشعراوي- خواطر حول القرآن الكريم، المجلد الثاني عشر، دار أخبار اليوم، نسخة إلكترونية، 1991م.
- الطبراني، أبو القاسم سليمان بن أحمد، المعجم الكبير.
- عامر، طارق عبد الرؤوف، الدراسات المستقبلية: مفهومها، وأساليبها، وأهدافها، ط1، دار السحاب للنشر والتوزيع، مصر 2006م.
- العبادي، هاشم، السيناريو الاستراتيجي، التخطيط – البناء – التنفيذ، كلية الإدارة والاقتصاد، دار صفاء للنشر والتوزيع، عمان الأردن 2015م.
- العبادي، هاشم، استخدام السيناريو الاستراتيجي لإدارة الأزمات في شركات الأعمال: دراسة تحليلية لآراء عينة من العاملين في شركات القطاع الصناعي في وزارة الصناعة والمعادن العراقية، كلية الإدارة والاقتصاد، جامعة الكوفة، 2014م.
- عبد العال، أحمد، اتجاهات الإدارات العليا نحو تخطيط السيناريو وأثرها في بناء رأس مال الموهبة: إدارة الأداء كمتغير وسيط: دراسة اختبارية في الجامعات الأردنية الخاصة في العاصمة عمان الأردن، 2017م.

- عبد الفتاح، سيف الدين، الرؤى المستقبلية في عالم المسلمين: بين نهاية التاريخ وصدام النبوءات، دراسة نقدية من منظور السنن والمقاصد، مجلة «استشراف» للدراسات المُستقبلية، مكتبة الشروق الدولية. 2017م.
- عبد الهادي، توفيق صالح، السيناريوهات ونجاح الخطة الاستراتيجية، دراسة حالة: شركة البوتاس العربية المساهمة المحدودة، الأردن، 2011-2014، جامعة عمان الأهلية، 2014م.
- عبيدات، ذوقان، وآخرون، البحث العلمي: مفهومه، وأدواته، وأساليبه، دار مجدلاوي، عمان 1982م.
- عبيدات، محمد، وآخرون، منهجية البحث العلمي: القواعد، والمراحل، والتطبيقات، دار وائل للنشر، عمان، الأردن، ط1999 ،2م.
- العجمي، فالح بن محمد، القيادة اليوسفية والمنظومة القيمية، المدرسة العربية للكوتشنج، طبعة أولى، 2016م.
- عزيز، جورج وجيه، علم دراسة المستقبل واستبصار مفهوم التصميم المستقبلي، بحث منشور بمجلة التصميم الدولية، القاهرة، مصر، الإصدار الرابع، العدد الثالث، يوليو 2014م.
- العساف، صالح بن حمد، المدخل إلى البحث في العلوم السلوكية، مكتبة العبيكان، الرياض، 1416هـ.
- عمر، محمد زيان، البحث العلمي: مناهجه وتقنياته، جدة، دار الشروق، ط1983، 4م.
- العنزي، سعد، والسعيدي، يعرب، فلسفة نظرية السيناريوهات ومنهجيتها، كلية الإدارة والاقتصاد، جامعة بغداد، قسم إدارة الأعمال، 2014م.
- العيسوي، إبراهيم، الدراسات المستقبلية ومشروع مصر 2000، 2020م.

- العيسوي، إبراهيم، السيناريوهات وطرق بنائها في مشروع مصر 2020، ط1، المكتبة الأكاديمية- القاهرة، 2008م.
- العيسوي، إبراهيم، السيناريوهات، أوراق مصر 2020، القاهرة، منتدى العالم الثالث، يوليو 1998م.
- الفارابي، أبو نصر محمد، آراء أهل المدينة الفاضلة ومضاداتها، مؤسسة هنداوي للتعليم والثقافة، مصر، 2013م.
- فشمن، تدسي، الصين شركة عملاقة، كيف يتحدى ظهور القوة العظمى القادمة كلًّا من أمريكا والعالم، ترجمة هالة النابلسي، دار الحوار الثقافي، السعودية، 2009م.
- فلية، فاروق، والزكي، أحمد، الدراسات المستقبلية من منظور تربوي، دار المسيرة للنشر والتوزيع والطباعة، 2003م.
- فهمي، محمد سيف الدين، التخطيط التعليمي: أسسه، وأساليبه، ومشكلاته، مكتبة الأنجلو المصرية، 2000م.
- فؤاد، بلمودن، الدراسات المستقبلية واستشراف المستقبل، مؤسسة دراسات وأبحاث، قسم الفلسفة والعلوم الإنسانية، الرباط، المغرب، 2013م.
- فياض، محمود أحمد، ومزاهرة، أيمن سليمان سليمان، إدارة المشروعات الصغيرة: اقتصاديات المشروعات الصغيرة، دار الشروق، 2009م.
- الفيروز آبادي، مجد الدين محمد بن يعقوب، القاموس المحيط، ط 7، بيروت: مؤسسة الرسالة، 2003م.
- قاسم، حسام أحمد، التخطيط الاستراتيجي في السُّنَّة النبوية المشرفة: أسسه العامة، وأدواته، وخصائصه، 2011م.
- قرموط، نايف، الإدارة في سورة يوسف عليه السلام: دراسة موضوعية، كلية أصول الدين، الجامعة الإسلامية، غزة، 2009م.

- قطب، سيِّد، في ظلال القرآن، دار الشروق، بيروت، ط1991، 2م.
- كليناجمر، هالة ميرغني، أثر تبنِّي نموذج التميُّز المؤسسي في تطوير الأداء بالمؤسسات الحكومية: دراسة حالة الشركة السودانية للتوليد الحراري المحدودة، كلية الدراسات العليا، جامعة السودان للعلوم والتكنولوجيا، 2015م.
- ماهر، أحمد، الاختبارات واستخدامها في إدارة الموارد البشرية والأفراد، الإسكندرية، مركز التنمية الإدارية، 1997م.
- المطيري، حزام بن ماطر، الإدارة الإسلامية: المنهج والممارسة، ط 4، مكتبة الرشد، 2010م.
- منصور، محمد إبراهيم، مشروع مصر 2020 قراءة نقدية، وسيناريو لمشروع بديل في 2030، مستقبل العالم الإسلامي (مركز دراسات العالم الإسلامي، مالطا) العدد 2009، 19م.
- منصور، محمد، الدراسات المستقبلية: ماهيَّتها وأهمية توطينها عربيًّا، ورقة عمل قُدِّمَت إلى ورشة العمل عن الدراسات المستقبلية، ضمن فعاليات منتدى الجزيرة السابع، الدوحة، قطر 2013م.
- نوفل، أحمد، سورة يوسف: دراسة تحليلية، دار الفرقان للنشر والتوزيع، عمان الأردن، 1989م.
- هناء، عفيف، دور السيناريو في ترقب الأزمات المالية: أزمة الرهن العقاري نموذجًا، خلال الفترة (1990-2010)، مجلة العلوم الاقتصادية، المجلد 17، العدد 2016، 2م.
- هيرن، فولفجانج، التحدي الصيني، أثر الصعود الصيني في حياتنا، ترجمة محمد رمضان حسين، فهرسة مكتبة الملك فهد الوطنية للنشر، الطبعة الأولى 2011م.

ثالثًا: شبكة المعلومات

- عبد المجيد، أحمد، سيدنا يوسف وحل الأزمة الاقتصادية، مجلة البيان، 2009م، https://www.albayan.ae/across-the-uae/2009-03-27-1.418600#
- جريدة الشرق، عدد رقم 2015، https://www.al-sharq.com/article
https://www.asjp.cerist.dz/en/PresentationRevue
- محمد غروي، كيف نجحت تايوان في حربها ضد كورونا؟ 2020، www.independentarabia.com/node/108686

رابعًا: المراجع باللغات الأجنبية

- A.D. Wright (2000). Scenario Planning: A Continuous Improvement Approach to Strategy, Total Quality Management, DOI: 10.1080/0954412005000 7742.
- Abd El Ghaffar, Ahmed, and others, (2005) scenario thinking vision 2020, akva scenario creations.
- Ackoff, Russel L. (1973). Méthodes de Planification dans L'entreprise. Paris: Les Éditions d'organisation.
- Babor, S. R. (2018). Future of global research: A case study on the use of scenario planning in the publishing industry.
- Balarezo, Jose Daniel (2015). Learning Through Scenario Planning. Phd thesis, School of Economics and Management.
- Borjeson, Lena et al. (2006). Scenario Types and Techniques: Towards A User's Guide. Futures.
- Bradfield, R., Derbyshire, J., & Wright, G. (2016). The Critical Role of History in Scenario Thinking Augmenting Causal Analysis

With in the Intuitive Logic's Scenario Development Methodology. DOI: 10.1016/j.futures.2016.02.002.

- C. Ram, G. Montibeller & A. Morton (2011). Extending The Use of Scenario Planning and MCDA For The Evaluation of Strategic Options. Journal of the Operational Research Society.
- Cash, D.W. and Moser, S. (2000). Linking Global and Local Scales: Designing Dynamic Assessment and Management Processes. Global Environmental Change 10.
- Charles W. Hill and Careth R. Jonson (2001). Strategic Management: An Integrated Approach. 5th Ed. U.S.A: Houghton Miffin Company.
- Chichester. New York. Weinhelm - Brisbane. Singapore – Toronto Library of Congress Cataloging, 2005.
- Dana Mietzner & Guido Reger (2004). Scenario Approaches: History, Differences, Advantages and Disadvantages. EUUS Seminar: New Technology Foresight, Forecasting and Assessment Methods (Seville: May 13 - 14, 2004).
- Drew Erdmann, Bernardo Sichel, and Luk Yeung (2015). Overcoming Obstacles to Effective Scenario Planning. McKinsey & Company.
- Erik Gustaf Ageberg (2010). Into Tomorrow Constructing Scenarios for The Record Industry In The 21-Century. LAP LAMBERT Academic Publishing.
- Fink, Alexander, Marr, Bernard, Siebe, Andreas and Kuhle, Jens (2005). The Future Scorecard: Combining External and Internal Scenarios to Create Strategic Foresight; Management Decision.

- Frentzel, W. Y., Bryson, J. M., & Crosby, B. C. (2000). Strategic Planning in The Military. Long Range.
- G. Ringland is a researcher and consultant in the area of Scenario Analysis and Foresight.
- Gill Ringland, Scenario Planning Managing the Future, John Wiley & Sons Chichester. New York. Weinhelm - Brisbane. Singapore – Toronto Library of Congress Cataloging 2005.
- Haeffner, M., Leone, D., Coons, L. and Chermack, T. (2012). The Effects of Scenario Planning on Participant Perceptions of Learning Organization Characteristics. Human Resource Development Quarterly. Doi, 2012, 10.1002/hrdq.21147.
- Helmut Jungermann (1985). Inferential Processes in Construction of Scenarios. Journal of Forecasting.
- Herman, Lewis. A Practical Manual of Screen Playwriting for Theater and Television Films. Cleveland: World, 1952.http://www.nashiri.net/articles/politics-and-events/4929--q-q--v15-4929.html
- http://dx.doi.org/10.1590/S1980-65742015000200001
- Joseph P. Martino (1982). Methods of Forecasting, in Howard F. Didabury, Jr. (ed.): Student Handbook for the Study of the Future, (Washington, D.C: World Future Society, Second Printing. 1982.
- Jugoslav Vojinovic and Others. Predicting the Future of Sports Organizations. Motriz: rev. educ. fis. vol.21 no.2 Rio Claro Apr./June 2015.
- Kahn, H and A.J. Wiener (1967). The Next Thirty- Three Years: A Framework for Speculation. Daedalus, 96 (3).

- Kuye, Owolabi & A. Oghojafor (2010). Scenario Planning as a Recipe for Corporate Performance: The Nigerian Manufacturing Sector Experience. Department of Business Administration, University of Lagos.
- Lena Borjeson et al., (2006), «Scenario types and techniques: Towards a user's guide.» Futures, vol. 38, no. 7.
- Lindgren, M. and Bandhold, H. (2003). Scenario Planning: The Link Between Future and Strategy. Palgrave McMillan, New York.
- Maree Conway (2003). An Introduction to Scenario Planning. Business, News & Politics, Melbourne, Australia, 28 September 2003.
- Matlock, James Thomas (2012). An Interpretive, Multilevel Theory of Scenario Planning Advancing Human Resource Development Theory Building.
- Mats Lindgren and Hans Bandhold (2003). Scenario Planning: The Link Between Future and Strategy. Library of Congress.
- Mattias Hojer (2000). What is the Point of IT? Backcasting Urban Transport and Land-use Futures (Stockholm: Department of Infrastructure and Planning, Royal Institute of Technology, 2000).
- Michael Ewers (2018). The Impact of the Blockade on Qatar's Industrial Companies. The 3rd Annual International Interdisciplinary Conference, 2018 Gulf Crisis: Origin, Repercussions and Future. Gulf Studies Center, Qatar University.
- Michel, Godet and Fabrice Roubelat (1996). Creating the Future: The Use and Misuse of Scenarios, Long Range Planning.
- Neha Paliwal Sharma, Tanuja Sharma and Madhushree Nanda Agarwal (2016). Measuring Employee Perception of Performance

Management System Effectiveness: Conceptualization and Scale Development. Employee Relations.

- Paul, Raskin (2005). Global Scenarios in Historical Perspective, In Ecosystems and Human Well-Being: Scenarios-Findings of the Scenarios Working Group Millennium Ecosystem Assessment Series, edited by Stephen Carpenter, Prabhu Pingali, Elena Bennett and Monika Zurek. Washington, D.C.: Island Press.
- Peter Bishop et al. (2007). The Current State of Scenario Planning: An Overview of Techniques Foresight.
- Philip Van Notten (2006). Scenario Development: A Typology of Approaches in OECD, Think Scenarios, Rethink Education (Paris: OECD, 2006).
- Porter, Michael. (1985) Competitive Advantage. New York: Free Press.
- R. Slaughter (ed.) (1996). The Knowledge Base of Futures Studies. DDM Media Group, Victoria/Australia.
- Reibnitz, U.V. (1998). Scenario Techniques. McGraw.Hill Book Com, Hamburg.
- Rhoods, S. and Babor, A. (2018). The Future of Global Research: A Case Study on The Use of Scenario Planning in The Publishing Industry. Learned Publishing, 2018. doi:10.1002/leap.1152.
- Rialland, K.E. Wold (2009). Future Studies, Foresight and Scenarios as Basis for Better Strategic Decisions. Norwegian University of Science and Technology.
- Ringland, G. (1998). Scenario Planning. John Wiley & Sons, Chichester.

- Robert Goodspeed (2017). An Evaluation Framework for the Use of Scenarios in Urban Planning. Lincoln Institute of Land Policy.
- Rowland, E., M. Cross, and H. Hartmann (2014). Considering Multiple Futures: Scenario Planning to Address Uncertainty in Natural Resource Conservation. U.S. Fish & Wildlife Service.
- Samira Rhoods and Anca Babor (2018). The Future of Global Research: A Case Study on The Use of Scenario Planning in The Publishing Industry.
- Schoemaker, Paul J.H. (1995). Scenario Planning: A Tool for Strategic Thinking»
- Spence J. (2014). Scenario Planning for The Agile Healthcare Organization Skokie IL. Kaufman Hall. www.kaufmanhall.com.
- Spyros Makridakis, et al. (1982). The Accuracy of Extrapolation (Time Series Methods): Results of a Forecasting Competition. Journal of Forecasting, vol. 1, no. 2.
- Thomas J. Chermack (2004). A Theoretical Model of Scenario Planning, Human Resource Development Review. Vol 3, Issue 4. https://doi.org/10.1177%2F1534484304270637
- Thomas J. Chermack and Kim Nimon (2013). Drivers and Outcomes of Scenario Planning: a Canonical Correlation Analysis. European Journal of Training and Development, Vol. 37 Issue: 9.
- Thomas J. Chermack, (2012) Scenario Planning in Organizations: How to Create, Use, and Assess Scenarios, Berrett-Koehier.
- Thomas J. Chermack, et al. (2015). The Effects of Scenario Planning on Participant Perceptions of Creative Organizational

Climate. Journal of Leadership & Organizational Studies, Vol 22, Issue 3. https://doi.org/10.1177%2F1548051815582225.

- Thomas J. Chermack, Susan A. Lynham and Louis van der Merwe (2006). Exploring the Relationship Between Scenario Planning and Perception of Learning Organization Characteristics. Elsevier Ltd.
- Tucson Water. (2004). Water Plan: 2000-2050. City of Tucson's Water Department's Planning and Engineering Division.
- http://cms3.tucsonaz.gov/water/waterplan.
- Van der Heijden, K. (1996). Scenarios: The Art of Strategic Conversation. New York: John Wiley.
- van Notten (2005). Writing on the Wall: Scenario Development in Times of Discontinuity. Doctor of Philosophy, Maastricht University, Amsterdam.
- Verity, J. (2003). Scenario Planning as a Strategy Technique. European Business Journal 14 (4).
- http://citeseerx.ist.psu.edu/viewdoc/download?doi=10.1.1.467.6236&rep=rep1&type=pdf.
- Wilkinson A. and Roland Kupers R. (2014). The Essence of Scenarios: Lessons from the Shell Experience. Amsterdam University Press.
- Yorofkin. S. (1959). Film Techniques and Action. London.